みんなのシビックプライド

米山淳一

駒草出版

目次

はじめに

旅先で歴史的集落の白川郷や高山の町並みなどを訪れたとき、みなさんはどのようにお感じになり、何を思われるでしょうか？　きっと「期待通りの素晴らしいところ」と、多くのみなさんがお答えくださることと思います。

ですが、このような歴史遺産は、残っているのではなく、残されているのだということをご存じの方は少ないかもしれません。これらの歴史遺産がいまあるのは、地域に住まい地域を愛するみなさんの想いが、保存という形で成就されたからだ、そう形容するのが相応しいといえます。いま目の前に展開している素晴らしい歴史的景観は、そういう地域の方々の想いがあったからこそ現存しているのです。つまり、この景観の奥には、じつは知られざる物語が隠されているのです。

「景観は結果であり、手掛かりである」この雲をつかむような言葉を、ご教示くださったのは知人の学者でした。この言葉が理解できるようになるまで、だいぶんと時間がかかりました。目の前に広がる景観から、さまざまなことを読み解くという意味です。これを実感させてくださったのが、「全国人並み会」のみなさんでした。町並みならぬ人並み会とはいったい何？　と思いきや、国に選定された重要伝統的建造物群保存地区（以下：重伝建地区）に関わった市町村役場の担当者ＯＢが結成した会のことなのです。

全国人並み会を知るきっかけは、前会長の大谷昭二さん（元白川村教育委員会事務局長）からの、「ヨネ、お前も人並み会に入れてやる」という電話でした。役場職員でもないぼくは、ちょっと戸惑いました。お誘いの理由は、文化庁建造物課のＯＢも参加しているから、（財）日本ナショナルトラストのＯＢも入れということでした。確かに日本ナショナルトラストは、伝統的建造物群の調査をいくつか自前でおこなってきました。ぼくも担当や審議会の委員として関わったことがありましたから、少なからず重伝建への縁は感じました。

後日、大谷さんから送られてきた全国人並み会の会員の顔ぶれを見ると、ほとんどはご面識のある方々。しかも、保存のために激戦に激戦を重ねた強者ばかりです。名簿は、たんなる名簿ではないのです。わが国の歴史的集落や町並みの保存と活用を語るうえで欠かすことが出来ない人物が、綺羅星のごとく名を連ねています。そのような大先輩方のお仲間に入れてもらえることは、光栄の一言に尽きます。もはやお断りする理由は、微塵もありませんでした。

そして総会へのお誘いをいただき、神戸市でおこなわれた総会に出席しました。久しぶりに諸先輩方と笑顔で再会。みなさん相変わらず豪快に笑い、語らい、お酒を飲む。激戦の同志はいつも一緒、固い絆で結ばれていたのです。その絆は、お互い想像を絶する修羅場をかいくぐって来たことから生まれた連帯感かもしれません。

国の重要伝統的建造物群保存地区は、２０２０年12月現在で全国に１２３地区あります。この制度が昭和50年（１９７５）に出来てから46年経ちました。この制度は、歴史的集落や町並みを、建物だけではなく周辺環境を含めて、指定地区を丸ごと保存する仕組みです。ですから各々の建物や土地の所有者と、保存に関する合意形成ができなければ、保存地区にすることは出来ません。

つまり末永い保存を目指すためには、個人が所有する不動産に制限をかけることになるのです。たとえ行政側が、歴史的集落や町並みの貴重さを認めて保存したいと考えても、個々の所有者が首を縦に振り、合意の証として押印してくれなければ前には進まないのです。そのために行政担当者は、歴史的建造物の価値および保存することの意義、さらには町の将来にわたるビジョンなどを説明し、保存地区に向けて市民である所有者から理解を得なければなりません。もちろん、保存地区になった場合の手厚い補助制度にも触れ、市民と行政が手を携え、力を合わせて保存する形を築きあげていくのです。主役はあくまでも市民、行政はよきパートナーといえるでしょう。

全国人並み会のみなさんは、このパートナーとして真剣勝負に挑み、独特の人生を歩んでこられました。その礎になっているのが、シビック・プライドなのです。地域を愛し、誇り、体を張って、歴史的集落や町並みを宝物に仕立てあげられたみなさんのご活躍ぶりは、いわゆる役場担当者の域を超えて、じつに人間味あふれるドラマだと思うのです。

本のタイトルにあるシビック・プライドは、かつて英国のシビックトラストを訪ねたときに、理事のアーサー・パーシバルさんからご教示いただいた言葉です。あわせて聞こえてきたのが、プライド・オブ・プレイス。後にいずれも歴史的環境の保全には欠かせない言葉だと知るのですが、そのときは初耳でした。シビックトラストは、１９５７年に英国政府の住宅大臣であったダンカン・サンズ氏が設立した民間団体で、歴史的環境の保全を核として歴史を活かしたまちづくりを推進することが主な活動目的でした。地域にあるローカル・アメニティ・ソサエティ（地域環境保全団体）と連携し、地域の歴史的建造物や町並み景観の保存を、都市計画の視点から推進していました。

ぼくは、パーシバルさんの地元ファバシャムの街を始め、ローカル・アメニティ・ソサエティのまちづくり活動が顕著なハリッチ（港町の遺産）、シュールズベリー（ハーフティンバーの建築）、ヨーク（城郭都市の景観）、バース（河畔の景観）、ワークスワース（鉱山町の遺産）などを訪れ、地域のみなさんと交流しながら、たくさんの事を学びました。いちばん感銘を受けたことは、市民と行政が一緒になって地域の歴史や文化を守り、育て、愛し、後世に伝えてゆくという姿勢の素晴らしさでした。その活動の根源にあったのが、シビック・プライドの醸成であり、結果としてのプライド・オブ・プレイスでした。

わが国は、まだまだ歴史的遺産の保存や、歴史を活かしたまちづくりが、地に足をつけているとはいえません。けれども、全国各地に丁寧に目を配れば、体を張ってご苦労されている方々が、たくさんいらっしゃるのです。

今回は、全国人並み会のメンバーのみなさんから、13名の有志の方々にスポットをあて、激戦の思い出を語っていただきました。そしてさらに、ぼくが人生の師と仰ぐ大先輩、村上和子さんにもご登場いただきました。村上さんは、嫁ぎ先の茅葺民家の復原に、女手ひとつで立ち向かった方です。その勇気と気概に、ぼくは圧倒されたのです。みなさん、まさにシビック・プライドを胸に、プライド・オブ・プレイスを目指して、歴史的遺産の保全に邁進されてこられた先駆者達なのです。

いま私たちは、ＩＴ社会の真っただなかで生活しています。しかし、振り返ってよく考えてみれば、優れた歴史的環境が息づいているからこそ、私たちはゆとりをもった健全な社会生活を営むことが出来るのだと思うのです。なぜなら常にそこには、人とそれを取り巻く健全なコミュニティーの存在があるからです。まさにここにこそ歴史的環境を保全することの意義があり、それは人々の愛と叡智によってなされてきたことといえるのです。近年注目されているSDGsの理念にもかなっていると思います。本書に収めました14の物語が、たくさんの地域を愛するみなさんにとって、これから未来を切り開いてゆく活動の参考になれば、とても嬉しく存じます。

今回の出版にあたりまして、格別のご高配やご指導を賜りました株式会社ダンクの会長井上弘治様、社長岡崎聡様、総合プロデューサー山本健治様に、こころよりお礼申し上げます。

岐阜県／白川村荻町　山村集落

全国人並み会 前会長　**大谷昭二**

ぼくの出発点

国の重要伝統的建造物群保存地区制度ができたのが昭和50年（１９７５）。ぼくが財団法人観光資源保護財団（現・日本ナショナルトラスト）に入所したのが同じ年の8月だった。運命のような転身。それ以前は、衆議院第一議員会館の代議士事務所で恥かき修行の日々だった。その代議士が観光資源保護財団の会長に就任したことで、ぼくの運命も大きく変わることになった。毎月送られてくる会報誌や季刊誌から、その活動のすばらしさを知ったからだ。これこそぼくの仕事と決めこみ、運よく転身したのだ。

財団は、丸ビルの3階にあった。ぼくは掃除や梱包と、毎日が雑用仕事。そんななか、財団独自で重伝建地区候補になる可能性がある歴史的集落や町並みを調査する話がきこえてきた。文化庁建造物課と連携し、岡田主任調査官、村上調査官とともに作戦が進んでいた。そして無事に予算を確保。文化庁からの情報を整理して全国から１００か所を選出、現況把握のための聞き取りや写真調査が始まった。

するとと意外なことに、ぼくにお鉢がまわってきた。なんと半数以上の約60か所が、ぼく

白川郷荻町を一望できるビュースポット城山展望台からの光景には、みなさんの想いがいっぱい詰まっている。

に割り当てられたのだ。理由は、第一に暇、第二に写真が撮れる、第三に旅慣れているであった。とくに第二と第三は、すぐ納得。学生時代に蒸気機関車の撮影で、国鉄周遊券を愛用して全国をまわっていたからだ。しかし、文章が苦手。しかも、人の話を聞き取る能力がない。先輩からは、「これも修行。巡礼みたいなものだからやれ」と命令がくだった。さらに「文章は思ったことをそのまま書け」と、さらりと突き放された。そこまで言われちゃ男がすたると、腹をくった。重伝建地区との不思議な縁が、このときに始まった。

大谷さんとの出会い

「名前は大谷だけど人間は小谷」と悪口をたたく村人もいたけれど、ぼくは大谷昭二さんが大好きだ。漫才師・横山やすし張りの頭の回転の速さと身のこなしに魅了され続けてきた。だから大谷さんは、40年来のぼくの友達といえる。

はじめての出会いは、昭和54年（1979）、まだ新婚まもない彼が経営する民宿「幸ヱ門」に宿泊したことがきっかけだ。そう、前述の全国町並み調査で白川村荻町合掌集落を訪れたのだ。そのころの白川郷は、奥飛騨の秘境。高山からバスで約3時間もかかった。途中、牧戸まで濃飛バスに乗り、ここで約1時間まって国鉄名金線のバスに乗り換えるのだ。つばめのレリーフがついた国鉄バスは、どこか品格があった。名金線とは名古屋駅から山越えを繰り返して、金沢駅まで結ぶ長距離バス路線のこと。車掌が自分の小遣いで、バス停ごとに桜を植えたという有名な路線。のちにその物語が映画「さくら」になった。バスは、牧戸からロックフィル式ダムで有名な「御母衣ダム」の縁を縫うように走り、約1時間で合掌集落のある白川村荻町に着くのだった。

白山連峰を背景に佇む合掌集落群。明善寺庫裏（岐阜県指定文化財）が歴史的景観の要。

それから約40年を経た今回の取材は、小林浩さん（次章に登場する高山の重伝建担当者）の自家用車で高山から白川村荻町までたったの35分。というのもいまは、南は名神、北は北陸道と繋がる東海北陸自動車道が白川郷を貫いているからだ。しかも、役場のある鳩谷にはインターチェンジまである。奥飛騨の秘境・白川郷という表現は遠い昔のこと、いまや大都市直結の世界文化遺産・重伝建地区のある観光地にその姿を変えた。

しかし、村人の白川郷を愛する心は昔のままだ。その根底には、村の共同組織である「結」がいまも健在で、冠婚葬祭や屋根葺きなどの生活文化を大切にしているからだ。たとえば、白川郷の代名詞になっている合掌造り民家の茅屋根は、毎年春になると順番に「結」で葺き替えをおこなっている。村のコミュニティーが健在だからこそ「結」も存続できている。村人が白川郷に誇りを持ち、地域を守っているのである。

さて、高山から白川村荻町まで車に乗せてくださった小林さんは、大谷さんとは大の親友である。つながりは「結」ではなく「重伝建」だ。小林さんは、同じ飛騨の重伝建地区がある高山市の担当者。しかも大谷さんと同じ時期に重伝建担当となり、さまざまな苦難に直面しながら突き進んできた仲だ。おたがいに情報交換と称した酒飲み会をよくやられた。これが、重伝建地区のさまざまな問題を解決する底力となった。結果、高山と白川郷は岐阜県を代表する文化観光の町になった。大谷さんの自宅は合掌民家。広い囲炉裏端で「やぁ〜」と、にこやかにぼくたちを迎えてくれた。

合掌造り、流出の危機

昭和40年代に入って、秘境ブームが巻き起こった。国鉄のディスカバー・ジャパン・キャンペーンの影響である。「美しい日本と私」をキャッチフレーズとして、歴史のある町へといざなう観光キャンペーンだ。高山、倉敷、津和野などと並んで、飛騨の秘境・白川郷もその対象地になっていた。人が手を合わせたような珍しい形の合掌造りに、都会の人々は憧れた。そしてなぜか都会人は、見に来るだけでなく、建物の取得へと動いてしまった。合掌造り民家は人気となり、蕎麦屋、居酒屋、別荘などとして、つぎつぎと売却されてゆくのだった。かなりの高額で取引されていたという。かつての白川村の産業といえば養蚕や煙硝製造であり、そのあと林業や農業が中心となるが、それも時代とともに陰りがみえていた。そんななか、合掌造りの売却は、意外と金になったのだという。

しかし、合掌造りが村からなくなったら白川村らしくなくなると、大谷さんの親戚筋にあたる山本幸吉さんや旧家の板谷静夫さんら村の名士が立ち上がったのだ。そして昭和46年（1971）に「荻町の自然環境を守る会」を設立。設立趣旨は、合掌造り民家だけではなく、周辺の自然環境を含めた荻町全体を、村民が主体となって守り、育て、後世に伝え残すというもの。当時、木曽街道・妻籠宿保存の中心的人物として全国に名を馳せた小林俊彦さんのご指導によるものである。

合掌造り民家は多層建てだが、住居は一階のみ。
二階はお蚕さんのお部屋。生糸産業と煙硝づくりが村の大きな資金源だった。田島家住宅にて。

そんな勢いにのって白川村は、合掌造り民家の保存は地域の誇りであると全国にアピール。すると財団法人観光資源保護財団（現・日本ナショナルトラスト）が保護対象に選定し、昭和46年（1971）から48年（1973）まで合掌造り民家保存のための補助金を村に拠出したのである。飛騨高山の上三之町や木曽妻籠宿も同じように保護対象に選定されて、町並み保存のための補助金を得ている。日本ナショナルトラストは、重伝建制度ができる前に、独自の手法で歴史的集落や町並みの保存事業を推進していたのである。

そうやって全国からの支援をもらいつ

つ、先達の合掌造り保存の精神を受け継いだ白川村荻町合掌集落は、重伝建制度ができた翌年の昭和51年（1976）、角館（秋田県）、萩市堀内・平安古（山口県）、妻籠宿（長野県）、祇園新橋・産寧坂（京都府）とともに、第一次選定の重伝建地区7か所に選ばれたのである。さらに平成6年（1994）には世界文化遺産に登録され、押しも押されもしない光り輝く存在になった。村をあげての保存に、たくさんのみなさんが関わってこられた成果である。

二代目の重伝建担当に

大谷さんが最初に重伝建地区と関わるのは、白川村教育委員会に異動した昭和56年（1981）4月から61年（1986）までの5年間だ。初代担当の山田講一さんからバトンを引き継ぎ、二代目の重伝建担当者になった。初めての仕事は、防災計画と設備の工事であった。合掌造りは、茅葺屋根だから火に弱い。重伝建地区内には、主屋、納屋、稲架小屋など113棟が保存されている。ひとたび火災が起きれば一気に燃えてしまうから、何よりも防災計画は急務だった。文化庁建造物課天田調査官のご指導もあり、防火水槽と放水銃を設置することになった。

防火水槽の用地確保は、すぐによい候補地が見つからず、悩ましい日々が続いていた。ところが幸い、城山に展望台を設置する計画が進みはじめ、それと同時に城山に防火水槽をつくるという案が浮上した。自然流下で一気に防火用水を流すためには高台が必要だったのだが、そこで白羽の矢が立ったのが荻町合掌集落を一望に見渡せる城山というわけだった。その結果、集落と約80メートルの高低差を利用した防火水槽は、効力を発揮するのには充分であった。

合掌造り民家などの伝統的建造物の修理も頻繁におこなった。補助率は高く、9割と目いっぱいであった。ところが屋根葺きは、「結」なので6割補助。「結」は互助だから、経費がかからないことが前提になったからだ。いわば手間賃（労働費）が要らないのである。業者請負で屋根葺きをすれば9割だから、どうも不平等なことになる。けれども大谷さんは、経費がかからない「結」を積極的に進めた。それは、自らも合掌造りの住まい手である大谷さんは、文化財、いや白川村の宝である合掌造りを長く守り抜くには、何よりもみんなで屋根を葺く「結」を保持することが、村民の使命だと考えたからだ。茅は、各家で

白川郷に連綿と受け継がれてきた「結」（ゆい）。
冠婚葬祭や屋根葺きなど、この互助制度が合掌集落を守ってきた。春を迎えると「結」で屋根葺きが行われる。
当主は、前年から茅の調達や「結」参加のお願いに忙しい。長瀬家住宅で。

調達するほか、工務店経由で富士山の裾野の御殿場市から仕入れた。合掌の修理や屋根葺き対策に明け暮れて、5年の任期はあっという間に過ぎた。

この間、嫌なこともあった。「大谷は自分が合掌に住んでいるから、合掌の保存ばかりやっている」という陰口も聞こえてきた。そんなときは、白川の合掌造りは、日本ばかりか世界の宝だと自分に言い聞かせて、保存に邁進したそうだ。そんな矢先、役所恒例の異動命令が下った。

大手を振って出戻る

それから4年が経ち、観光課から今度は文化財係長として、重伝建担当に見事に返り咲いた。以後、ユニークな手法で合掌造りを支える仕組みを実践してきた。それは、女性の登用である。それまでの合掌造り保存の歴史は、すべて男が主役だった。けれども、じつは家族、とくに奥様の理解なくして、合掌造りは守れない。生活のなかから合掌集落の保存を考えるには、女性の役割が重要だと気がついたのだ。

白川郷の合掌造りが世に広く知られるにつれて、だんだん女性の観光客が増えてきた。すると、観光にきた女性が、やがて白川村荻町在住の男性と結婚するという事例が目立ち始めた。聞くところによると、白川村の男性も魅力的だが、土地の風土や合掌造りに惚れ込んだというのが本音？らしい。そうなるとますます、女性が白川村の生活文化や合掌造りに関わるための場が必要となってくる。そこで嗅覚が鋭くて機転の利く大谷さんは、「女性文化フォーラム」を立ち上げたのだ。

上司である高島外成（たかしまそとしげ）さんの理解を得て300万円の予算を確保し、ソフトな文化事業としての形を整えた。目配り気配りにたけた大谷さんは、すぐさま同級生の田口節子さんに事業の企画や参加者集めを相談した。田口節子さんは荻町の南隣の平瀬地区にお住まいで、ＰＴＡや生涯学習活動に豊富な経験をもっていて人脈も広い。さっそく白川村内のこれはという女性に声掛けを始めてくれた。高崎市からお嫁にきた長瀬美代子さんもその一人。そうして参加者は約20人を数えるほど盛会になってきた。バレーボールの三屋裕子さん、ＮＨＫアナウンサー小宮山洋子さん、キルト製作や料理の達人キャシー中島さん、旅行作家の杉田房子さんら、社会で活躍する女性を招きフォーラムを開催。白川らしい村づくりのあり方から、あたらしい女性の生き方まで、さまざまな視点から楽しく勉強できる場は広がりをみせ、着実に成果を生んでいった。

合掌造りは住み家でもある。女性の存在なくして、家は守れないのだ。その女性たちが、国際的な視野を獲得してくれたら占めたものだ。そういう意図もあってか?･英国の歴史的環境を学ぶスタディーツアーにまで行ったのである。そのころはまだ、世界文化遺産登録前夜。大谷さんには、先見の明があったといえる。

兄貴分、高島教育長との出会い

大谷さんが自由に羽ばたいて活躍できたのは、上司の高島外成さん（元白川村教育長）の存在が大きい。今回、お話をお伺いするにあたり、ぜひ高島さんを同席させてほしいと大谷さんからリクエストをいただいた。会場は、酒を飲みながら話せる、大谷さん一押しの店。白川村を愛してやまないお仲間の野田さんが経営する「ます園 文助」だ。

山間に建つ合掌造りのなかで、酒盛りが始まった。飛騨の清酒のほかに、白川村特産の「どぶろく」も登場。酔いが回り、高島教育長、大谷係長は昔話に花が咲く。それは、合掌造り民家保存の激戦の歴史そのもの。生々しいお話に、ぼくは目を丸くするばかり。

この二人の名コンビ時代に、合掌造り民家保存は大きな転機を迎えたといえる。重伝建地区になったというだけではなく、白川村独自の手法を設け、将来にわたって合掌造り民家保存の継続性を確保すること、それに村民をあげて取り組む方法を模索することが大きな課題となった。村長の和田正美さんを筆頭に、役場内や「荻町の自然環境を守る会」のなかでも議論が進んでいった。そして、行き着いた答えは「合掌基金」の設立。発案者は

重伝建地区の保全に命を懸けて取り組んでこられたお二人は、大の仲良しだ。
高島外成さん（元白川村教育長、右）と大谷昭二さん（元白川村教育委員会事務局長）。

高島さんだった。

高島さんは、平瀬地区の常徳寺のご住職でもある。大学卒業後に里帰り。寺での幼児教育の経験を買われ、村立保育園長に就任。その後昭和50年（1975）、社会教育主事のときに、伝統的建造物群保存対策調査の担当になった。ちょうど文化財保護法の一部を改正して、重伝建制度が新たに設けられたときだ。高島さんは、せっかく国の保存制度ができたのだから、その保存地区の第一号になりたいと思ったそうだ。それは、ドイツの建築家ブルーノ・タウトが明治期に遠山家（平瀬地区にある大きな合掌造り民家で国重要文化財）を訪れたさいに、「合掌造りは世界に誇る建築だ」と教えてくれたことに起因する。

合掌造りの保存は、当初は公民館活動の一環で始まった。どのように保存して社会教育やコミュニティー活動の役に立つようにするか、そしてその結果として観光活用できるのか?を模索していた。当時、同じように歴史的町並み保存をおこなっていた妻籠宿（長野県南木曽町）とも連携し、多くのことを学んでいる。たとえば「伝統的建造物は、売らない、貸さない、壊さない」は、その代表的なスローガンである。

高島さんは、なによりも昭和40年代に合掌造り民家保存の先駆者となった山本幸吉さんや板谷静夫さんの想いを受けて、白川村荻町合掌集落を重伝建地区にしたいとご苦労されてきた中心人物なのである。高島さんは4期16年間、大谷さんは通算11年間、ともに重伝建地区の仕事に携わってきた名コンビである。

合掌基金の募金に奔走

大谷さんは、高島さんを立派な人と尊敬してやまない。「高島さんがいてこその俺」と謙遜する。「包容力があり、腹が据わった上司」だと、酒が回れば回るほど、高島さんを誉めあげる。高島さんも「ショーちゃん」と呼んで、満面の笑みで肩を抱く。確かに高島・大谷コンビは、無敵だった。合掌造り集落の保存には、苦労がつきもの。茅の手当てから看板の規制まで、さまざまだ。しかし、なによりも地域コミュニティーの礎となっている「結」による屋根葺きを存続させるのは、ことのほか大変だった。

そして、その尊敬してやまない高島さんが発案したのが「合掌基金」だった。補助金だけに頼らずに、自ら合掌集落を守るためのお金を集め、運用することが必要だった。それは、白川村のアイデンティティーともいえる合掌造りを、村民一丸となって後世に伝え残す新たな手法でもあった。白川村の財政だって、豊かではない。白川村役場は、荻町合掌集落を守るためだけにあるのではないのだが、とかく「荻町ばかりに税金を投入している」という声も聞こえてくる。それは荻町以外の集落に住まう村民からの声だった。みんなの宝という価値観を育てなければ、将来にわたる合掌集落の保存は危うい。そこでみんなで守るという視点から、合掌基金に行き着いたのである。

ところが、お金集めはなかなか進まない。村民、観光客、マスコミの協力を得て、全国

昭和51年（1976）重伝建地区に選定、平成7年（1995）世界文化遺産に登録。
訪れる人は年々増加して、白川郷の美しさに魅了されている。

にアピール。高島さんとショーちゃんは、当時を振り返る。たとえば白川の村民御用達である砺波市のパチンコ屋にもお願いにいったそうだ。意外にも快くご寄付を頂いた。とくに思い出深いのは、都はるみさんのチャリティーコンサートである。「瓢箪から駒」ではないが、親切な名古屋テレビ文化局長の特別な計らいで実現した。村中が、大いに盛り上がったという。とにかく、日々の仕事の間隙を縫って、人に頭を下げてまわり、ご寄付を頂くというのは、たいへんな事である。

そんなころ、画家の向井潤吉さんが、愛する白川村のためといって、合掌集落を描いた作品を合掌基金にご寄付くださることになった。大谷さんから、「米山、向井さんのお宅へ案内しろ」とご命令がくだり、当時の和田村長と大谷さんを世田谷区上馬のご自宅へお連れした。向井画伯とお嬢様が笑顔で迎えてくださった。向井画伯は、ことのほか白川村合掌造りがお気に入りのご様子で、何度も訪れたときの思い出話をしてくださった。作品は、大きなもので土蔵のアトリエに展示してあった。後日、作品は白川村に寄贈され、その作品に見合った金額を白川村が合掌基金に拠出している。作品はいま、村長室に展示され光り輝いている。

それから合掌基金は、駐車場料金を入れるなどさまざまな策のもと次第に増えていった。そして、岐阜県の基金協力と指導のもと「合掌財団」を設立、免税措置をもった組織へと成長し、合掌集落の保存費用の一部を担っている。

今宵の嘆き

激戦を重ねてきたお二人は、まさに重伝建制度の草創期に草鞋をはいて、それから棘の道を歩き続けてきた。保存対策調査、保存地区の決定、修理・修景と、あらゆることが手探り状態であった。重伝建地区にしたいとの意志表示である住民合意は見事１００％であったが、その後さまざまな壁にぶちあたり、そのたびに住民と役場が一丸となって、みんなで知恵を絞り撃破してきた。そんな経験からみれば、「いまの伝建担当は、外に出ないでデスクワークばかり。村の人を知らない」「昔の話を聞かない」と、酒のせいか愚痴も出始めた。さらに「白川合掌集落は、生活の場である。凍結保存ではない、生き物だ。」と続く。

合掌造りとも住民の方々とも、正面から向き合ってきた。家庭も奥さんも振り切って、保存に全力を注いできた。そのお二人の活躍の成果は、お互いの信頼関係から生まれた、まさに珠玉の結晶だといえる。

大谷昭二さんは、残念ながら平成29年（２０１７）にこの世を去られた。「合掌があるから人間模様が見えた。なけりゃ、ただの村」、そして「重伝建担当は、自分の人生の華、楽しく躍らせていただいた」と締めくくった。

（取材 ２０１８年）

満開の桜が、
白川郷の春を彩る。

木造で茅葺の合掌造り民家は、火災に弱い。重伝建地区内には放水銃が設けられ、火災の備えも万全だ。放水銃の点検や水槽・水路の清掃も兼ね、晩秋の一日に行われる一斉放水テストも観光資源。

合掌造集落の保全に力を注ぐ荻町のみなさんは、「白川郷荻町集落の自然環境を守る会」を結成し、集落内の景観保全に目を光らせている。修理、修景、改修ほか、現状を変更する時は、先ず守る会に相談してから始めるのが常だ。行政ではなく住民が住民の計画をチエックする機能は、まさに住民自治。世界に誇る荻町合掌集落保存の主役は住民なのだ。合言葉は「売らない、貸さない、壊さない」。歴代会長の根尾治代さん（中央）と三島敏樹さん（右）と筆者（左）。

新雪の白川郷荻町。合掌造りの三角形の屋根は、雪が滑り落ちて積もらないように、ちょうど良い角度になっている。

合掌造り民家の小屋裏。左右の合掌が力強く屋根を支える。釘ではなく荒縄で、人が力を込めて結わいている。

合掌の内部、格子障子のシルエットがモダンな演出になる。

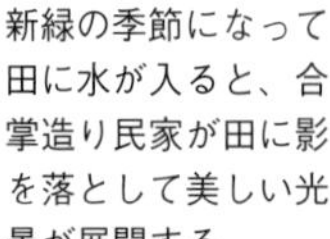

新緑の季節になって田に水が入ると、合掌造り民家が田に影を落として美しい光景が展開する。

屋根葺きはもちろんのこと、冠婚葬祭やお祭りなど、昔ながらの「結」が大切にされている。写真は、前職時代の市民募金プロジェクトで購入した松井家住宅の「結」による屋根葺き。

毎年、秋に神事として盛大に取り行われる「どぶろく祭り」。笛や太鼓の音とともに村中を練り歩き、神社境内ではどぶろくが振舞われる。

春の訪れを感じさせる婚礼。八幡神社に続く集落の道は、合掌造り民家が並ぶバージンロード。

小林浩

岐阜県／高山市三町・下二之町大新町　商家町

ディスカバー・ジャパンがきっかけ

一年中、人並みが途切れない町、それが飛騨高山三町の第一印象だ。まるで銀座通りのように活気に溢れたありがたい光景には、多くのみなさんの想いがいっぱいつまっている。その想いを文化として長年大切にしてきたのが小林浩さん、まさに高山の名士。高山市で開催された歴史的景観都市連絡協議会での出会いから約30年間、ぼくはいろいろとご指導をいただいている。現役当時は、とくに三町の町並み保存や、旧高山町役場の保存に尽力された。高山陣屋管理係長、文化財係長、教育委員会事務局長を歴任したのち、現在は一般社団法人高山市文化協会会長である。

東京オリンピック、そして大阪万博が成功裏に終わり、その後の旅客輸送確保に悩んでいた国鉄の切り札が、ディスカバー・ジャパン・キャンペーンであった。「美しい日本と私」のキャッチフレーズを掲げて、B全版の縦長ポスターを全国の駅に貼り出した。さらにテレビ番組「遠くへ行きたい」とも連携し、見知らぬ土地への旅心を大いに掻き立ててくれた。対象地は、名の知れた名所・旧跡というよりは、いわば故郷を思わせる地方の町や山間の

重伝建地区の高山の町並みは品格に溢れ美しい。
そこはまた、生活の場であり、来訪者との交流の場でもある。上三之町で。

秘境。わけても、萩、倉敷、金沢そして飛騨高山など、歴史的集落や町並みに魅せられた人は多かったはずだ。後にこれらの町並みが重伝健地区になるのだから不思議である。まさにディスカバー・ジャパンと重伝建は、竹馬の友といえる。

日本ナショナルトラスト時代に、縁あってディスカバー・ジャパンを企画制作した電通プロデューサーの藤岡和賀夫さんと奈良へ旅をした。「日本の風景は味わい深くて、惚れこんだ」とディスカバー・ジャパン・キャンペーンの思い出を語ってくれた。とくに飛騨高山の町並みは、ことのほか思い入れがあったそうだ。そう、「飛騨高山が今日、わが国屈指の観光文化都市として名声を馳せているのは、ディスカバー・ジャパン・キャンペーンのお陰なのだ。

高山は町並み保存の先駆者

高山市三町の料理屋で酒を酌み交わしているとき、小林浩さんも「高山の町並みが注目されたのは、ディスカバー・ジャパンの追い風に乗ったことがきっかけ」と、このキャンペーンが高山の町並み保存に大きな力となったことを絶賛した。それから約50年、いまや歴史的集落や町並みは、日本の大切な観光資源となったのだから、この国鉄の先見性ある戦略は賞賛にあたいする。

さて、このキャンペーンに乗り遅れるなと、町並み保存を指揮したのが、当時の高山市長・元仲辰郎さんだった。国鉄高山本線の全通により、それまで商業の中心だった三町界隈が勢いをなくしてきた昭和30年代後半、若者は、名古屋、大阪、東京方面へ職を求めて出て

重伝建地区の上三之町の町並み。
造り酒屋、味噌・醤油屋、産婦人科などが軒を連ね、いまも町は生きている。

ゆき、残されたのは年寄りばかりになりつつあった。元仲市長は、町並みを観光資源として売り出すことに活路を見出し、そこに町の将来をかけることにしたのだ。

すぐさま観光課に町並み保存の戦略命令が下り、担当者が三町の住民と相談して出来あがったのが「恵比寿台組町並み保存会」である。高山祭の屋台を保存する屋台組が、そのまま歴史的町並みの保存を行うという、高山市独自のスタイルがこのときに出来あがった。まさに住民自治の精神が貫かれている優れた仕組みだ。「町並みが壊れたら、祭りにも影が差す」という考えが、住民のみなさまを町並み保存へと導いた。ついで「龍神台組町並み保存会」が発足すると、さらに「五台山組」「鳳凰台組」がこれらに続いた。

屋台組の組長は、地域の窓口であり、まとめ役である。だから行政からの信望も厚く、市長→環境課→屋台組長→住民と、物ごとはスムーズに運んだ。祭りや歴史的町並みを守るのに大切なのは、何よりも信頼関係なのだ。地域の結束の礎となっている伝統的な仕組みが、新たな歴史的町並み保存制度を支え始めたのである。

町を守るのは信頼関係

重伝建地区へ向けて、市長が先鞭をつけ、町並み保存会が動きはじめた。そして奈良文化財研究所が、町並み保存対策調査をおこなうこととなり、吉田靖さん（後の文化庁建造物課長）を筆頭に、建築史の専門家が列挙して高山を訪れた。高山市役所は社会教育課が窓口になって、受け入れ態勢を整えている。三町を中心とした学術調査は2年間におよび、その成果が報告書としてまとめられた。報告書を活かし、社会教育課長の亀山喜一さんを筆頭として、小林さんの先輩にあたる佐藤正義さんらが、保存にかかる住民との合意形成を積極的におこなった。保存区域の線引きをおこなった係長の銅島大衍さんはじめ、役所と住民との連係プレイによって、昭和54年（1979）めでたく高山市三町は重伝建地区に選定された。

小林さんは、これを受けて昭和55年（1980）から重伝建地区の担当になった。伝統的建造物の修理、修景、防災計画など、住民の生活に向き合う最前線に立つことになったのだ。先輩が敷いたレールに乗っての仕事だから、地域の理解は得やすかったといえる。だが重伝建地区とはいっても、それぞれの建造物は高山市の所有ではない。町衆それぞれの私有物だから、役所の裁量でおいそれとは修理・修景事業はできない。そんなときに物を言うのが、まさに小林さんと地域との信頼関係である。

小林さんは「春祭り」の屋台を所有する「青龍台組屋台保存会」のある地域に居を構えていたこともあり、春祭りの屋台を保存する「恵比寿台組保存会」ほか、上二之町、上三之町の屋台組とは既に顔なじみで、身内みたいな関係。しかも小林さんの叔父にあたる小林幹さんが、郷土史家として屋台組では知られた存在であった。そのお陰で信頼も高まり、各屋台組保存会には受けが良く、伝統的建造物の修理等の相談にいくと、会長は「まっとったんやさ」と笑顔で迎えてくれる、そういう関係を築けていた。

とにかく屋台組保存会の存在は大きい。江戸時代の文化文政期から、祭りを軸とした高山らしいまちづくりの在り方を、文化として今日まで繋いできている。屋台組長はまさに高山の名士であり、組合は高山のアイデンティティーを維持し貫いている人物の集まりそのものなのである。結束が固く、祭りや屋台のことにかけては、行事、しきたり、将来に向けた継承の在り方など、すべてに命をかけている方が多い。伝統の屋台を介して町の生活文化を守ることにたけていることは天下一品。まさに地域文化を背負って生きているからこそ底力があるのだ。鍵は、高山ならではの「血筋」にある、小林さんはそう気づいていた。

町並み保存を推進するのは役所ではない。屋台組保存会という住民組織と一心同体となって進めていかない限り、高山の町並み保存は成功しないことを、小林さんはすでに確信していた。

町並み保存の光と影

小林さんのルーティンは、何もなくても週に2〜3回は必ず保存地区に出向くことである。町で住民のみなさんにお会いすれば挨拶を欠かさない。そしていったん問題が起きれば、膝を交えて何度も話を聞いた。納得がゆくまで、とことん話し合いをした。まさに「町並み保存は24時間営業」という、小林さんのモットーの実践である。

先述の亀山喜一課長のおかげで、小林さんは悠々と泳がせてもらい軽やかに仕事をこなしてきたし、保存地区のみなさんとも仲良くしていた。伝統的建造物の修理・修景等があれば、設計士・大野二郎さんとタッグを組んで、所有者の身になって事業を一緒に進めた。大野さんは、高山の重伝建地区を支える建築の専門家である。高山の町並みに惚れこみ、自ら上三之町に居を構えている真打ち。彼がいなかったら高山の伝統的建造物の修理はまず出来ない。小林さんとは長年、苦楽を共にしてきた。小林さんにとって大野さんは、高山の町を守る同志なのである。おかげであまり苦労に感じたことがない、と小林さん。その秘訣は「阿吽の呼吸」。高山の町は、旦那衆の世界だから懐が深い。だから仕事には品

高山の町並み保存に長年、一緒に取り組んできた建築家大野二郎さんと。
伝統的建造物の修理修景は大野さんのご指導なくして成り立たない。

格を持って臨む。ただそれだけだと、小林さんはいう。

しかし、小林さんにとって残念な出来事もあった。料亭「月波楼」の取り壊しである。料亭文化は、旦那衆の町の証である。江戸期以来いまも連綿として息づき、市内にはまだ5～6軒が元気に営業中。なかでも有名なのが「洲さき」である。この「洲さき」と並び称されたのが「月波楼」で、高山の町を貫いて流れる宮川にかかる中橋の、それぞれ東西の袂に対峙するように建っていた。いわば料亭文化の両翼だった。じつは日本ナショナルトラスト時代に、取得保存の打診を小林さんから頂いたが、高山市や所有者の医

小林さんが心血注いで復元事業に携わった高山市政記念館。
明治28年に建造された役場で、昭和43年まで使用されていた。

師会との調整がうまくいかず、残念ながら土俵にあがる前に取り壊され駐車場になってしまった。

小林さんにとって、とくに思い出に残る仕事は、明治28年（１８９５）に竣工した旧高山町役場の修復整備だった。現在は市政記念館となって資料展示や施設公開をおこなっているが、小林さんは町並み保存地区の要として、まちづくりの交流拠点としてのセンター機能を備えた施設に作りあげたかったそうだ。「叶わぬ夢を見た」と激戦を振り返った。

さて、現在の高山の町を、小林さんはどのように感じているのだろうか？「町並みを食いつぶしている」というのが実

想い出深い町並みにたたずむ。

感なのだという。かつて元仲市長が、１００年先を睨んだ高山の文化振興策として、町並み観光こそが切り札と位置づけて実践しはじめて約50年を経た。今日、確かに高山は町並み観光を軸とした文化観光都市に成長した。若者も戻り、町は賑わいで溢れている。重伝建、歴まち、日本遺産、いろいろなフレームに収まって、高山の町はその伝統的な形を維持し、また発展させてきた。その意味では大成功を収めたといえる。

しかし、ほんとうに「町」を育てているのだろうか?「町」は確実に崩れてきている、そう小林さんはいう。町並みを育て、それを誇り、光り輝かせるのは人である。町の本質は、生活であり、文化であり、それを織りなす人々である。「すべては、人なのだ」そんな呟きが、小林さんから聞こえてくる。品格のある紳士。けっして自分のことを、多くは語らない。そんな控え目な小林さんが、「苦労というより、楽しい仕事をさせてもらった。みなさんに助けていただいて、とてもありがたいと思っている」と語ってくれた。その笑顔が、とても印象的であった。

（取材 2019年）

重伝建地区では、高山ブルーと呼ばれる朝顔を町家のファサードに植えている。

町家２階の軒下には火伏の神様・秋葉様が祭られている。軒下の奥に電線を通すことで、町並み景観を維持している。

町家はさまざまな植栽で彩られ、町を愛するみなさんの想いが伝わってくる。

人気の三町は、いつもたくさんの観光客が行きかっている。

吉島家住宅（国重要文化財）の内部。
柱、梁、抜が構成する複雑な幾何学空間が重厚な雰囲気をつくっている。

町家のあいだには路地が発達、
生活感あふれる風情を演出している。

高山祭の屋台庫。町並みと祭りは一体である。

木造の町家は火に弱い。景観にも配慮して防火設備は万全。

昭和53年に重伝建地区に選定されてからも景観を阻害していたＮＴＴの巨大なアンテナ（左）が最近撤去された（右）。

岡村正義

山口県／萩市堀内地区・平安古地区

武家町

浜崎

港町

輝かしい世界遺産に

日本海に面した萩市は、毛利家・長州藩の城下町。萩城跡と広大な城下町が、いまも町の骨格として維持され、当時の面影を色濃く残していることから、昭和42年（1967）「萩城城下町」として国指定史跡に指定された。その後昭和50年（1975）重伝建制度が出来た翌年に、角館（秋田県）、産寧坂、祇園新橋（京都市）、妻籠宿（長野県）、白川郷（岐阜県）とともに重伝建地区の第一次選定地となった老舗の保存地区である。あわせて萩市は関係市町村からなる全国伝統的建造物群保存地区協議会（通称：伝建協）の事務局を長く担っていた。岡村さんは、萩城城下町の史跡指定そして重伝建地区を担った最初の担当者であり、まさしく歴史景観保存の大先輩である。

岡村さんから保存の激戦話をお伺いするために、東萩駅前で待ち合わせをした。暖かい春の日差しのなか、岡村さんはお車で颯爽と登場。そして「萩が世界文化遺産に登録されました」と、誇らしげに話しかけてくださった。そう、内閣府を通じてユネスコに申請した「明治日本の産業革命遺産」が、平成27年（2015）にめでたく世界文化遺産に登録

史跡「萩城跡」、天守ほかの建物は現存しておらず、石垣と堀が往時の面影を残している。

されたのだ。その構成遺産は鹿児島県、山口県など全国で23件を数える。なかでも萩市内から5件が、萩の産業遺産群としてエントリーしたのだ。それは、萩城城下町、松下村塾、萩反射炉、恵美須ケ鼻造船所跡、大板山たたら製鉄遺跡である。なかでも岡村さんが保存にご苦労された萩城城下町の存在が輝かしい。岡村さんは萩城城下町の国史跡の指定や、堀内・平安古の重伝建地区に人生をささげてこられた重鎮なのである。それゆえ岡村さんにとって世界文化遺産への登録は、歴史と文化の町・萩の存在を不動にするものとして揺るぎのない出来事だったに違いない。

スタートは、萩城城下町の国指定史跡から

岡村さんは、生粋の萩人である。昭和36年（1961）に20歳で萩市役所に就職。農業委員会から新設の消防署へ。市の職員として消防士も経験しておられる。そして昭和42年（1967）に文化財係に転属して、文化財保護の仕事が始まった。当時は、まだ重伝建制度はない。国は萩城跡や萩城城下町を、往時の痕跡をよく留めていることから「史跡」に指定している。指定されたのは昭和42年1月10日。1月10日は岡村さんの誕生日だから、不思議な縁を感じたそうだ。

そんな縁ではないが、文化財保護の担当になり、最初に関わったのが萩城跡と萩城城下町の整備事業だった。文化財行政に理解のある菊屋市長の号令で、「萩城城下町」の国史跡指定にともなう整備事業が始まろうとしていた。萩市の体制は、社会教育課長、文化財係長、そして担当の岡村さんの3名だった。文化庁は記念物課の主任文化財調査官である仲野浩さんが、たびたび萩に足を運んでいた。仲野調査官は、仲野天皇と呼ばれる記念物課の重鎮。岡村さんは、仲野調査官の指導のもと、文化財保護の精神や術を的確に学んで

堀内には維新で活躍した高杉晋作の生家、木戸孝允や医師・青木周弼の自邸などが残されている。

ゆき、この実績が後の重伝建保存地区を守り抜くエネルギーとして効力を発揮することになったのである。

史跡の保存修理事業は、萩城跡の石垣修理から始まった。さらに城下町の電柱を撤去する計画が持ちあがり、住民に説明に歩いた。史跡の指定範囲は広大で、武家屋敷や石垣などの歴史的遺産を、点ではなく面としてまるごと保存するのである。地区内の歴史的遺産はさまざまで、とにかく内容が濃い。藩医や中級・下級武士の屋敷地、それに町家筋も含まれている。

さらに追加指定により範囲は5.5haと拡大し、整備されつつある美しい城下町はTVの旅番組でも紹介され、人気となってゆく。小京都と呼ばれた津和野町（島根県）とともに、国鉄の旅キャンペーン「ディスカバー・ジャパン」のポスターにもなり全国に知れわたる。萩のポスターは、平安古の武家屋敷。土塀越しにたわわに実る夏みかんの風情溢れる写真が、人々の旅心を掻き立て、全国から多くのみなさんが訪れるきっかけとなった。

しかし、これにともなって、お土産物店も急増。国史跡指定地区内でのルールを守らずに、店舗を新築する業者が続出。岡村さんが説得にまわっても、一切聞く耳を持たず、いまも営業している。この出来事によって、文化財に指定しても強制は難しいという限界を、岡村さんは感じたそうだ。

重伝建地区に向けて

順調に進んでいく史跡整備事業、その陣頭指揮に立っていたのが菊屋市長である。出自は名門の豪商で、萩の町をこよなく愛した方である。菊屋さんは重伝建制度への理解も早

堀内地区には城下町らしい鍵曲が随所に見られる。土塀は江戸期のままで歴史の生き証人。

く、そのもとで岡村さんは、史跡整備から重伝建地区へ向けて事業を推進することになった。

萩市は、菊屋市長の肝いりで昭和47年（1972）に「萩市歴史景観保存条例」を定め、萩らしい景観を大切にしたまちづくりを目指していた。武家地の歴史的景観をよく維持している堀内地区と大照院付近ほか3地区がこの対象となり、条例をもとに道路の側溝から屋敷地の奥へむかって10メートルの範囲を保全し、歴史的景観を大切にする方向が示されていた。このために市は補助金を支出して、石垣、土塀、長屋門等を保全する独自のシステムを作りあげている。補助率は、事業費の5分の4、上

平安古地区にも鍵曲があり、夏みかんと土塀が織りなす独特の生活空間が展開する。

限300万円である。

このように萩市は市主導で、国史跡の指定、歴史景観保存条例の制定、そして重伝建地区へと舵を切っていく。堀内・平安古地区をまず伝建地区に指定する勝負のときに、当時の文化庁建造物課課長である伊藤延男さんを招聘して、住民説明会を開催している。堀内地区で昼・夜の二回、平安古地区で一回。このときに各地区の住民のみなさまが制度の内容など、とても話をよく聞いてくれたことが印象的だったと岡村さんはいう。住民の方々は伝建制度に理解を示してくれたのである。

一方で、行政側は、土塀越しの夏みかんに一本500円の助成を出したり、観光客の増加による観光公害を排除するため、地区内に清掃専従員2名を配置し清潔の維持に努めることなどをおこなった。また電線の地下埋設を中国電力に依頼したり、町内防犯灯を新設し電気代を市が負担したりするなど、保存修理だけでなく住民の生活環境をよくするための施策をつぎつぎに実施していった。そんななかで岡村さんは、史跡整備において文化庁記念物課の仲野調査官にしごかれ、その経験から伝建地区にも即対応できる姿勢を身に付けていったのだそうだ。まさに萩の市民と行政の文化度の高さを実感できるお話である。

市民との信頼関係こそが宝

堀内が平安古とともに萩市の伝建地区から、国の重伝建地区に選定されると修理事業が本格的に始まった。史跡整備で堀内地区の北の総門通りの土塀や石垣工事を担当したので、岡村さんは修理事業には慣れていた。史跡と重伝建地区と二つの顔を上手く使い分けながら事業を行った。旧二宮家住宅の長屋門を買いあげて保存する交渉では、所有する一人暮

旧周布家長屋門の前で。

らしのお年寄りが、保存のためならと快く売却に応じてくれた。正直、嬉しく、報われたと思ったそうだ。それまで培ってきた市民のみなさんとの信頼関係が、功を奏した瞬間である。

ところが、そう上手く運ぶことばかりではない。やはり堀内地区で土塀が傾いた家があったので、修理の相談にお伺いした。すると「いらんことするな、帰れ」と凄い剣幕で怒られ、まったく受け入れてもらえなかった。この塀は、今も傾いたままである。それだけではない。苦情は日常茶飯事だし、保存地区内での新築要望もよくある。

あるとき、萩高校裏手にお住いの女性が、家を建て替えたいと市役所に相談にこられた。重伝建地区なので少し考えて欲しいとお伝えすると、いろいろと文句を言って帰らない。それには閉口したが、何日も話し合いを続け、ようやく建物をセットバックすることでご納得いただいた。なんといっても個人の所有物を保存するのだから、曖昧な気持ちでは説得できないし、事は円滑に進まないのである。所有者の身になって話をよく聞き、一緒に考え取り組まないと道は開けないのである。

重要文化財の修理も担当した。重伝建地区では、伝統的建造物の外観の保全に主眼が注がれるが、重要文化財はそうはいかない。初めての重要文化財修理は、昭和42年（1967）～43年（1968）で、文化財係に転属したばかりのときで、旧厚狭毛利家萩屋敷長屋（萩市所有）であった。この時は、重要文化財の修理などまったく分かっていない時期だった。また、後に担当したのが、口羽家住宅の主屋・表門修理。工事を担当した（財）文化財建造物保存技術協会の持田武夫さんから、いろいろとご教示いただいたが、建物の内部や外側のなまこ壁の修理などに技術面および予算面でかなり苦労したという。だが、このお陰で武家屋敷の様式を大いに勉強することが出来たそうだ。

このほかに、町家のつづく浜崎地区での御船倉の買い上げ保存にも尽力され、のちに同地区は萩市で3番目の重伝建地区に選定された。

毛利藩の藩主の船を格納していた御船倉（国重要文化財）が、浜崎地区のシンボルでもある。

後の時代に残すもの

岡村さんは、26歳で文化財係となって以来、他のセクションに転属されたこともあったが、結局文化財畑に戻り、この道一筋といっても過言ではない。萩の文化財保護を語るとき、岡村さんなくしてそれは出来ない。

家庭でもつねに郷土萩の文化財の大切さを、子どもたちに説いていたそうだ。その影響だろうか、ご長男は小学3年生のときに、「萩市の文化財」なる冊子を持って、市内の文化財を訪ね歩いたそうだ。さらに「文化財の発掘をやりたい」といって、岡山大学に進学し考古学を学んだ。いまは、NHKに勤務。

また、ご次男も國學院大學で考古学を学び、下関市役所で3～4年間、発掘調査の任に付いておられたそうだ。父親のうしろ姿を見て文化財の道に進んだとは、素晴らしいことである。現在は、お二人とも別の道を歩まれているので、「跡継ぎがいなくなった」と岡村さんは照れくさそうに笑った。

親子二代にわたって文化財保護にかかわったということで、これには脱帽である。大切なこととして、貴重な文化財を後世に残すということはもちろんだが、もうひとつ、子をもつ親として子に何を残せるか？という課題がある。親が子に残せるもの、残すべきものとは、いったい何だろうか？財産や不動産というだけでは悲しい。いちばん大切なもの、それはやはり教育だと思う。岡村さんとお会いして、その確信を得たような気がした。感謝である。

（取材　２０１７年）

漆喰となまこの白壁が続く光景もまた美しい。菊屋横丁にて。

木戸孝允が、江戸にでるまでの約20年を過ごした生家。萩を歩くと、幕末の歴史を彷彿させるものが随所にある。

見事な土壁が続く鍵曲、塀の向こうにみかんの樹がのぞく。萩を象徴する風景。

20m以上ある旧周布家長屋門、江戸中期の様式を残している。

萩反射炉
（世界遺産構成要素）

昭和初期に内閣総理大臣をつとめた田中義一の別邸。気品ある風情を醸し出している。

恵美須ヶ鼻造船所跡
（世界遺産構成要素）

浜崎地区から眺める
趣きある漁村風景。

かつては海産物問屋であった藤井家主屋。商家らしい蔀戸を備えた二棟が並んで建っている。

瀟洒な格子が美しい商家。

浜崎地区では、白壁・なまこ壁の倉が続き、武家屋敷地区とはまたちがう風情が楽しめる。

浜崎地区は港に面した町家筋。格子や蔀戸を備えた町家が続く。

蒔苗貴嗣（まかなえたかつぐ）

青森県／弘前市仲町　武家町

突然の文化財担当

歴史と文化の城下町・弘前。津軽藩の拠点である。いまも城下町の名に恥じない歴史と文化の宝庫として、多くの人たちを魅了してやまない。とくに弘前城の桜の美しさは、全国に知られるところだ。近年は石垣修理にともなう天守閣の曳家でも注目を浴びた。そんな有名な弘前城の北側、堀をはさんで平行に連なるように仲町武家屋敷群がある。江戸期の中級武士の住宅が並ぶ通りで、昭和53年（1978）6月に重伝建地区に選定されている。

ちょうどその年に蒔苗さんは、大学を卒業して弘前市役所に就職した。配属は文化財係。辞令をもらったときの第一声は、「え、文化財?」だった。しかも重伝建地区の担当、何をやったらよいのかまったく分からない状況だった、と当時を振り返る。初日から残業になった最初の仕事は、武家屋敷修理費の補助金申請の手伝いだった。「文化財とは何か?」まずは、そこからだった。それまでとはまったく縁もゆかりもない世界に飛び込んでしまったといえる。

はじめてみると、重文だ、史跡だ、と耳慣れない分野がある。関われば関わるほど難し

仲町重伝建地区より、冠雪の岩木山を望む。

いことばかり。しかも、重伝建はまた、重文や史跡とはまったく違う。なにせ地区をまるごと保存する仕組だから、なおさら難物である。

あるきっかけで気づいたこと

伝統的建造物を点ではなく、面として地域まるごと守る、そんな重伝建制度が住環境の保全にとっていかに優れた制度であるか、よく分かるのが弘前市仲町武家屋敷群である。サワラの生垣に囲まれた武家屋敷地区は、江戸期からの地割がそのまま残り、清楚で品格があふれる地域だ。

重伝建地区担当を拝命してから着実に駒を進めた蒔苗さんは、武家屋敷主屋の残存数が少なくても、江戸期の地割がよく残っている点に価値を見出していた。そのため仲町武家屋敷群の保存においては、個々の武家屋敷の保存に主眼をおくというよりも、歴史と文化の薫り高い住宅地を整備するというふうに位置づけた。そして、市内の何処よりも優れた住環境に恵まれた地区を目指すことが、重要だと思うようになった。だから保存々々と気張らずに、つねに自然体で地域のみなさんと接し、話し合い、地域の歴史と文化を大切にしながら、重伝建地区を守り育てようと決めたのだ。その根底を支えるのは、地域のみなさまとの信頼関係にほかならない。

もちろん信頼関係は、一朝一夕に出来るものではない。時間をかけてお互いを尊重しながら築きあげていったのである。武家屋敷に住まうみなさまは、町の歴史や文化を先祖から受け継いできたのである。つまりそれは、仲町に住む人々のアイデンティティーであった。

まず基本は、町をきれいに保つこと。だから清掃は欠かせない。町内を挙げての清掃活動は、住民の結びつきをより強固にする一大イベントでもある。蒔苗さんは、この清掃に必ず参加した。地域のみなさまと協働するよい機会でもあった。きっかけは、70代のご婦

武家の門構えとサワラの生垣が、凛とした気品ある風格を醸し出している。
生垣のサワラが歴史を感じさせる。

人の発言で、「道路と側溝の掃除は地元住民の義務。しかし、管理者は市役所」というものだった。そのとき蒔苗さんは、役場職員だって市民だと気づいた。職員だって市民。だから役場職員としてではなく、仲町の歴史と文化を愛する一市民として参加したのである。最初はよそ者のように見られていたが、回を重ねるごとに、やがてその関係は仲間へと変化していった。だんだん顔なじみも出来、いつしか仲町武家屋敷地区の保存に関して、いろいろと気軽に相談を受けるようになったのである。これが蒔苗式ホスピタリティーであった。仲間であるということが、なによりも信頼関係構築の基本なのである。

保存地区へは毎週出向く

重伝建地区はいくら文化財だといっても、まずは人が住まうことが先決である。もちろん、文化財ゆえの規制や制限が、いろいろとあることも否めない。だから住民が何でも気軽に相談できる奴にならなければならない、そう蒔苗さんは思った。作戦は、雪のとき以外は週に一回、かならず現地に足を運ぶようにするということだった。自転車に乗ってゆっくりと仲町重伝建地区を廻り、これぞと思う人には挨拶に出向く。家にあがってお茶を飲めと、声を掛けられることもふえてくる。みなさんからの相談内容は、建物を修理する場合や建て替える場合の考え方、また新しい建材の使用についてや、さらに生垣や庭木の剪定をする植木屋の紹介までさまざまだった。住民の方々の生の声を聴く、これほど有効

旧伊藤家住宅は別の場所から移築されたもの。
移築に伴い復元され、江戸後期の様子をよく伝えている。

な手段はないと確信もした。

それがきっかけで年に一回、大々的に「住民相談会」を開催するようになった。会場は旧伊東家住宅であった。昭和56年（1981）ころからで、ちょうど旧伊東家の移築、修理が終わったころだった。時間は、夜の6時から8時頃まで。すると、重伝建地区であることによる不自由なことがらから、ゴミや雪の対策におよぶまで多岐にわたる相談がよせられた。住民のみなさんにとっては、日常の切実な問題。率直な意見がストレートに飛んできた。だから蒔苗さんは、必ず答えを出した。それが行政の責任だと感じたからだ。

いちばん印象的だったのは、「重伝建はもう要らない」という意見であった。さすがに、これには驚いたという。そのとき蒔苗さんは、こう答えたそうだ。「保存地区の利点をうまく使って、他の何処よりも住みやすい町にしましょう」と。すると、参加者のみなさんは、賛意をもってうなずかれたそうだ。これは蒔苗さんの当初からの信念である。役場はつねに住民のみなさんと一緒に力を合わせて住環境の保全に取り組む、この姿勢を崩さなかったからこそご理解をいただけたものと、このとき蒔苗さんは確信したそうである。

思い出深い岩田家住宅の復元

仲町の重伝建地区は、生垣や当時からの地割がよく残ったことによって、かつての武家屋敷町の雰囲気を今日に伝えている。しかし、主屋の保存事例はきわめて少ない。昭和50年代半ばのこと、所有者がお亡くなりになり、遺族から岩田家の土地と建物が弘前市に寄贈されることになった。岩田家住宅は、江戸期の武家屋敷であったが、かなりの部分が改

岩田家住宅の全景。

造されていた。本来茅葺だった屋根を鉄板葺に、平屋を中二階風に改造され、さらに明り取りのため屋根が切られていた。囲炉裏は撤去され、屋根に突き抜ける煙突を備えた石油ストーブがそこに鎮座していた。

仲町にあっては貴重な武家屋敷だ。蒔苗さんらはこのときとばかり、徹底的に復元することに決めた。蒔苗さんは、奥様が以前、岩田家住宅のすぐ目の前に住んでおられたこともあり、なにか不思議な縁を感じたのだという。岩田家の復元は運命だ、そう感じ始めていた。そうして大規模な文化財修理に取り組むこととなったのである。

まずは地元の建築士と相談して、「弘前文化財建造物保存研究会」を組織した。つ

復原された岩田家住宅の主屋。鉄板葺きだった屋根は、
職人の手で寄棟の茅葺屋根に戻り、当時の姿が見事に甦った。
蒔苗さんは、茅の入手にご苦労された。

ぎに建物の調査を開始した。全解体ではなく、基礎、柱、梁、小屋組みを残して半解体とした。それから建物の痕跡調査に駒を進めた。蒔苗さんらは、職人さんたちと一丸になって取り組んだ。わからないことは、文化庁建造物課課長工藤圭章さんに聞いた。工藤さんは青森県大鰐温泉のご出身で、同郷の縁もあってなんでも快くご指導くださった。

とくに苦労したことは、茅葺屋根だった。ご遺族は中二階に改造して暮らしてきたことに愛着を感じていて、江

馴染みの店で至福のひととき。これが頑張りの原動力だったかも。

戸期の平屋に復元することには反対であったが、説得に応じてしぶしぶ了解してくださったそうだ。ところが、さあ工事にかかろうという段になって、こんどは屋根材の調達がたいへんであったという。当時の中里町（現在は中泊町）の「野村芦茅店」に依頼して、津軽平野を流れる岩木川の河口付近に自生する芦茅を集めていただいた。屋根葺きは50歳代の職人が2人でおこなった。じつに丁寧な仕事ぶりだった。工事費は約800万円。青空を背景に立派に葺きあがった屋根を見たとき、蒔苗さんは感動したそうだ。

しかしその興奮もさめやらぬうちに、またまた難問がもちあがった。それは防災だった。なんといっても茅葺は火に弱い。近所から心配の声があがり始めていたのだ。だから「絶対に燃やさない」というコンセプトのもと、文化庁に相談して防災計画をたてた。その結果、放水銃の設置となった。充分に余力のある100立方メートルの水槽を設け、二基の放水銃で約一時間消火活動が維持できる設備をつくることが出来たのである。

こうして住民のみなさんとの信頼関係を築きながら、安心して住める快適な住環境の保全に邁進する日々が続いていった。とにかく大切なことは、つねに目配り、気配りである。それではじめて、信頼関係が芽生えるのである。

（取材 2016年）

街全体に文化の薫りが溢れる弘前は、
仲町重伝建地区のほかにも歴史的建造物が大切に保存されている。
あわせて、ぜひ訪れてみたい。

仲町重伝建地区の入り口にある石場家住宅（国重要文化財）の内部。
土間が広く江戸期の様子がよく残っている。

石場家の外観（上）とこみせ（左）。
雪の深い冬場は、軒下を通って往来できる。
雪国ならではの様式。

旧青森銀行弘前支店（国重要文化財）（左）と旧弘前市図書館（青森県重宝）（右）、
いずれも弘前出身の大工・堀江佐吉の傑作である。

仲町武家屋敷町の至近にある弘前城亀甲門（左）。
有名な弘前城の桜が散るころは、花筏も見事である（右）。

公開中の西洋館、実業家藤田謙一の別邸のリビングルーム。

重厚なゴシック様式の日本基督教団弘前教会（青森県重宝）

カトリック弘前教会はロマネスク様式の聖堂

旧東奥義塾外人教師館（青森県重宝）

津軽三味線のライブ、間近で聴くと迫力満点。

福島県／下郷町大内宿　宿場町

全国人並み会 会長

佐藤仁夫

かつての秘境、大内宿へ

「新白河駅で待っているよ」と、全国人並み会会長の佐藤仁夫さんは、電話の向こうで笑っている。福島県南会津に位置する大内宿に行くのに、東北新幹線の新白河駅？とは意外である。東京から大内宿に向かうには、新幹線の新白河駅で下車して、車に乗り換えて行くのがいちばん近いというのだ。

一般的には、東京からだと東北新幹線を郡山駅で降りて、磐越西線に乗り換えて会津若松駅へ、さらに会津鉄道に乗り換えて南下、湯野上温泉駅に至るというコース。なんと約4時間の鉄道旅。

一方、東京から会津をめがけて一気に北上するルートもある。浅草から東武鉄道の特急電車「スペーシアきぬ」号を利用し、鬼怒川温泉駅から野岩鉄道、会津鉄道の列車に乗り継いで行くのである。日光街道と会津西街道に沿っての道のりだから、大内宿詣でには相応しい気がする。しかし、乗り換えの少ないのがメリットではあるが、湯野上温泉駅まではやはり約4時間の汽車旅。

ようするに大内宿は、今も昔も秘境なのだ。合掌造り民家集落の飛騨の秘境「白川郷」と双璧、いや茅葺民家集落が健在な地は、丹波の美山（重伝建地区・京都府）にしてもそうだが、いずれも都市からは遠隔地というのが共通点。じつは、これが魅力。そんな想いを胸に新幹線「やまびこ」号からの車窓を眺めながら新白河駅に到着。

改札口で佐藤さんが、笑顔で手を振っている。早々に車に乗り込んだ。街なかをしばらく進んで、それから一路西にハンドルを切った。前方には重畳たる山並みが見える。「あの山の向こうが南会津、これから山越え」とつぶやくと、佐藤さんは一気にアクセルを踏んだ。首都圏への出張は毎回、この車と新幹線が定番なのだという。だから愛車は、燃費のよいハイブリッド仕様。さぞかし峠越えは、ヘアピンカーブの連続か?と不安だったが、近年、栃木県と福島県にまたがる山脈を貫く高規格の長大トンネルが開通、通行はスムーズで便利になった。車は、軽やかに下郷町大内宿を目指す。やがて道路が緩やかなカーブを描きながら下り始めたら、「道の駅しもごう」が見えた。

じつは佐藤さんは、下郷町役場を退職されて、現在は道の駅の駅長をされているのだ。「コーヒー飲んでよ」と誘われ下車。道の駅は、人家のない峠越えのあと突然に現れる。しかも南会津を見渡せる高原に位置するから眺望がよい。そんなわけで営業成績は好調。「ソ

子安観音から見下ろす大内宿。鉄板葺きだった屋根は、見事に茅葺になった。
若手の茅葺職人が育っている証だ。

フトクリームが人気。水がいいからコーヒーも酒も旨い」と佐藤さんは自慢する。一服のつもりが、景色がよいから二服になって、さて大内宿にむけて再出発。湯上温泉から山道を辿り、ほどなく約30分で大内宿に到着した。

久しぶりの大内宿

「この階段を上ると、いろいろなことを思い出すよ」と佐藤さん。「なんで?」とぼく。「嫌なこともたくさんあった。久しぶりの大内なんだ」と思わぬ答えが返ってきた。階段とは、大内宿の家並みを一望に見渡せるビューポイントである、子安観音堂に上がる急な細い階段のこと。全国人並み会の会長のお言葉だから、ずっしりと重く、ド〜ンと心に響いた。

いまや重伝建地区は全国で123か所を数え、歴史的集落や町並みの保存は着実に広がっている。昭和50年（1975）に制度が出来てから46年、ますますその存在感は高まるばかりである。しかし、この制度が始まったばかりのときは、そう簡単にはいかなかったのである。大内宿の重伝建地区への道も、いばらの道だった。その道のりを自ら体感し、大内宿の人間の表も裏も知ってしまったのは、重伝建を担当したからだ。だから、あまり大内宿を訪れたくないというのが本音なのだろう。

佐藤さんは大学を卒業してから、名門法政二校（川崎市）で物理・化学の教諭をされていた。教師生活2年目に、父親が病に倒れた。それを機に、長男の宿命とばかりに、故郷の下郷町に戻った。臨時教員として町の小学校に勤めたのち、競争率の高い中途採用試験の難関を突破して下郷町役場に就職。配属は、教育委員会だった。これが重伝建との、運命の出会いとなった。

伝建地区への道は急展開

学校の先生から一転、町役場職員に転身。教育長から下された命令は、大内宿をまずは伝建地区に指定する業務だった。伝建の伝の字もわからない佐藤さんは、ただ頷くだけだった。役場内でも大内宿の保存については関心が薄く、保存を熱心に提唱していたのは当時の大塚実町長だった。なぜなら町長選の公約が「大内宿を重伝建地区にして観光で飯を喰う」だったのだ。いまでこそ地域活性化や観光振興で重伝建地区を活かす町も多いが、当時はそのような考え方は、たいへん先進的であった。むしろ当初の重伝建地区の多くは、文化財保存地区であると大上段に構え、教育の場といった方向性を歩む自治体が多かったと記憶している。大内宿を観光資源とする方向に舵を切ることになったのは、大塚実町長の大英断だったといえる。

その町長の重伝建地区への想いの原点は、出稼ぎにあったのだ。農閑期になると大内宿ばかりか下郷町の働き盛りの男たちは、こぞって首都圏へ働きに出た。建設作業、道路工事、鉄道保線等、さまざまな職に就いて一家を支えていたのである。

宿場の背後には田園が広がる。ここから見ると、宿場というより農村の風景だ。

しかし、家族崩壊とまではいわないが、出稼ぎにはいろいろと問題があった。不安定な出稼ぎをやめさせ、その労働力を地元に生かせないのかと思うのは、町の首長としての当然の考えといえる。一方、大内宿の住民も、この地を出稼ぎをしないでも喰える町として次世代に残すことで、歴史ある宿場町を守り、長く住み継いでいって欲しいと思い始めていた。そのためには、大内宿を観光資源として活用するのが有効だという、町長との想いは一致していたのだ。

とはいえ他方では、もし保存地区になれば好き勝手に家をいじれなくなるなど、不自由や窮屈を強いられるとの声も多く、保存問題は10年近くくすぶっていたのだ。ついに、そんなモヤモヤに決着をつける日がやってきた。昭和55年（1980）5月10日、大内公民館に各家からの代表40名が集い、多数決で保存の賛否を決める会合が開かれたのだ。決断は、どよめきとともに下された。7割が保存に賛成という結果となった。多くの人が、反対多数だろうと想像していた。佐藤さんも、しかり。

こうして、大内宿は重伝建地区に向けて、大きな決断をしたのである。そして佐藤さんは、大喜びの大塚町長と二人三脚で、保存に向けて走り始めた。

難儀だった住民合意形成

晴れて賛成多数で保存地区を目指すことになり、佐藤さんは下郷町役場から大内宿へ頻繁に足を運ぶことになった。約10ｋｍの距離があり、車で約30分はかかった。一日に3往復なんてあたり前。それだけ住民のみなさんの保存への関心は高まっていた。地元住民からなる大内宿保存協力委員４人と、各家をまわり保存地区への合意をお願いした。

日が暮れると観光客の姿もなくなり、江戸時代の宿場風情を彷彿とさせる。

しかし、いざ保存地区指定の合意文書に押印するとなると、住民の方々はなかなかいい顔をしない。「出直して来い、明日来い」の声は何回も聞いた。公民館の採決で賛成だった人も、いざとなると手のひらを返した。反対の人は、もともと反対だから手がつけられない。あげくのはてに、行政批判や電源開発からのダムの補償金にまで話がおよんだ。かつて大内ダムの建設にともなう住民への補償金ついて、電源開発は情報をオープンにしなかったため、住民同士での齟齬が広がり地域コミュニティの信頼に亀裂が入るという事件があったのだ。

そんな事情もあったので、とにかく佐藤さんは昼夜を問わず何度も各家をまわった。

だが、なかなか前に進まない。苦悩の日々が続いた。「頭に来た」と佐藤さんは、辞表を書いたこともあった。だが書いても、提出はできない。空しさだけが残った。気を取り直して、何度も起きあがった。

大内宿の住民が一筋縄ではいかないことには理由があると、やがて佐藤さんは気がついた。そもそも江戸期から大内は、宿屋を生業としてきた歴史があるのだ。だから、「人を見る、人を信じない、本心を見せない」といった気質が根付いていると、佐藤さんは感じ取っていた。宿場には特有の生活文化があるのだ。同じ下郷町でも、町場に位置する佐藤さんの集落と、大内宿とはまったく気質が異なっていたのだ。

それでも佐藤さんは、「なんとか美しい大内宿を残したい」その一心で、粘り強く合意形成を目指した。大塚町長も自ら大内宿に出向き、各家の説得に歩いた。「出稼ぎをなくしたい。大内宿は観光資源」という点では、大内宿のみなさんとピタリと考えが一致していた。これがあればなんとかなる。それを信じて、大塚町長と佐藤さんの二人三脚での説得が、ついに住民のみなさんの心を動かしたのである。満足のゆく結果を得たのは、半年後であった。そして重伝建地区に向けて、着実な歩みが始まった。

お土産街道

大内宿は会津西街道の宿場町。会津西街道は、会津藩をはじめ米沢藩ほか諸藩大名が参勤交代に使用したほか、旅人にとっても会津・出羽から江戸に通じる最短ルートであった。その利便性から大内宿は山間の宿場町として発展してきた。大内宿が重伝建地区に選定された大きな理由は、宿場の建築が茅葺民家で生活の場として息づいていたからである。また民俗学的な研究も進んでいて、半宿半農のような生活文化が注目されてもいた。

先にも触れたが、大内のみなさんは客商売に慣れている。だから重伝建地区になれば観光資源となって、来訪者が増えるのは容易に想像ができたであろう。すでに、大塚町長もこの点を肝と認識していたのである。重伝建地区に選定される以前からも、珍しい茅葺集落を訪ねにくる観光客はすくなからずいた。それを目当てに客商売にたけている住民は、民宿だけではなくお土産屋もあわせて営業していた。

当初は、昔ながらの景観をこわさないようにと、「民家の街道側には店を出さない」という住民同士の約束事が守られていた。けれども、それはつかの間のことで、いつしか街

会津西街道の両側に茅葺の旅籠が並ぶ様子は江戸期のまま。
用水路は、かつては街道の真ん中にあった。花の季節は、さらに美しい。

道側の建具を取っ払い、お土産がならぶ光景があたり前のようになっていった。やがて、われもわれもといった状況はエスカレートし、ついに水路ギリギリまで仮設でお土産を置く家もでてきた。観光客からも会津西街道ではなく、お土産街道と皮肉られてしまう始末。

　これに手を焼いた佐藤さんらは、宿場景観に影響しないようにと、説得にまわったのはいうまでもない。そのせいで、幸い道端営業はなくなったが、街道側に商品がならぶ様子はいまも変わらない。「いくら言ってもわかってくれない。今日も俺の姿を見たら家に姿を隠した人がいた。だから本当は来たくなかった」と佐藤さんはポツリ。いまも蟠りは続いているのだ。

伝建物の修理は難物

そんな激戦は日常茶飯事。相手は住民ばかりではない。伝統的建造物の修理だってそう簡単にはいかない。文化庁調査官からの指導にいたっては、難題がつきものだ。町並み展示館（大内宿本陣跡）の復元において、面白いエピソードがあった。それは、土壁の材料のことである。

職人が木舞を組んで、いざ土壁を塗るばかりというときに、文化庁益田調査官の視察があった。土壁の材料を手にとって調査官は、「こんな土では駄目だ。５年ものの材料を探してこい」と佐藤さんに指導したのだ。

さすがに、そんな年代物は手元にない。もちろん、工事はそこで中断。それから、この材の入手で悩む毎日。ただでさえ、住民のお土産屋問題なんかで頭がいっぱいなのに、今

いまや有名観光地となったので、多くの人々が訪れている。

度は修理で壁にぶつかった。あちこち関係先に問いあわせてみても、いい答えはない。もんもんとした日々が続いた。

そんなある日、奥様の実家へ用があり、新潟に向かっていたときのことだ。車で田舎道を走っていると、フロントガラス越しに、旧家の壁を塗っているシーンが目についた。もしや?と思って、車を止めて職人に聞いてみたら、なんと5年寝かせた土で壁を塗っているとの答えが返ってきた。目から鱗とはこのことだと、佐藤さんはこのときの感動を、身振り手振りで再現してくれた。

そう、まさに奇跡だった。さっそく事情を話して、後日、材料を分けていただくという幸運に恵まれた。「女房のおかげ」と、いまも感謝を忘れないそうだ。しかし、ネバネバでちょっとゆるい土を、新潟から大内まで長距離を運ぶということに、業者の方はさすがに難色を示したそうだ。でも、やるしかないと、佐藤さんは実行した。

案の定、トラックが大内に着いたときには、材料は6割程度に減っていた。長い道中のこと、途中で流れてしまったのだそうだ。けれども、熟成した土壁材を丁寧に塗ったおかげで、平成23年（２０１１）３月11日の東日本大震災でも5年物を使用した壁はビクともしなかった。さすが文化庁の調査官はプロ中のプロと、佐藤さんは絶賛してやまない。

電柱は邪魔物？

重伝建地区に選定され、地域に活気がよみがえってからは、住民も役場も大内に誇りを持つようになった。たくさんの人が訪れ、「素晴らしい」を連発してくれて、お土産を買い、食事をし、宿泊もしてくれる。日銭がどんどん入ると、余裕がでてくるのか、自然と人々は笑顔になる。すると、都会人の注文なのか？ あるいは懐古趣味なのか？ 大内宿の電柱が邪魔だという声が聞こえはじめた。

確かに茅葺民家集落に、電柱は似合わないかもしれない。佐藤さんは東北電力に、住民の意向としてこのことを伝えた。そして東北電力を招き、町役場の会議室で説明会を開くことになった。地域の代表が、電柱が大内宿の景観を損ねているという説明をおこなった。するとスーツに身を固めた幹部社員が、前に出てこう口を開いた。

「これから電力が必要な時代に、そのような考えは不適切だ」と、まさに一蹴。怒りの表情さえ浮かべた東北電力の社員たちは、すぐさま連れ立って帰ってしまった。唖然とする住民を前に、佐藤さんは黙々と頭を下げ続けて、その場はなんとかおさまった。なんとも後味の悪い幕切れだった。

その後も電柱論争は続いた。が、そうこうしているうちに、ある日突然、東北電力から佐藤さんに電話があった。ちょうどそのころ、大内宿の人気がどんどんあがるとともに、テレビの旅番組の常連となって、マスコミを賑わすようになりつつあった。今度は東北電力側から、電柱を撤去したいとの申し出があったのだ。電力会社はマスコミに弱い？ いや、やっぱり大内宿には電柱が似合わないと、心底そう思ったからに違いない？

長年支えてくれた奥様とともに。

トタン葺きの屋根がどんどん茅葺に戻され、宿場景観が見事に整った今日、こんな出来事があったなんてだれが想像するだろうか?まさに、大内宿は日本国、いや世界の宝となったのである。

嫌なことも面白いこともたくさんあった重伝建地区の担当時代から、いまも変わらず笑顔で支えてくれる奥様と、ご一緒に盃をかわす佐藤さん。素敵ですヨ。

(取材 2016年)

鎮守様である高倉神社は、田んぼの中の参道を抜けた森の中にあるが、一の鳥居は宿場の中央付近にある。

建物の中から、観光客の行きかう街道を眺める。江戸時代にも、こうして表を通る旅人を見ていたろうか？

本陣の跡地に建つ「大内宿町並み展示館」。近隣の本陣の建物を参考に復元されたもの。

季節の花々が彩りを添える。右手の兜づくり屋根も面白い。

子安観音の見晴台に
立つ佐藤さん。

土蔵の屋根も茅葺、軒下に屋根材が保管されている。

夕暮れときには、さらに生活感が溢れる。

宿場は住民のみなさまの生活の場である。ほっとする懐かしい光景に出会う楽しみも。

兵庫県／神戸市北野町山本通　港町

浜田有司

重伝建との出会い

「待ち合わせは、北野の六甲荘でね」と浜田有司さん。かつて浜田さんが幹事になって「全国人並み会」の総会と見学会が神戸市で開催されたのだが、そのときの宿泊先が六甲荘だったからすぐわかった。その名のとおり、六甲山の麓、北野の異人館がならぶ山本通東側の急坂の途中にある。六甲荘には特別の思い出がある。「歴史的景観都市連絡協議会」（通称・歴観協）が、誕生数年後の昭和55年（１９８０）にここで会議をおこなったからだ。現在の同協議会は、加盟37団体と参加数も増えたが、たしかこのときの参加者は10人位だったと記憶している。ちょうど神戸市山本通が西洋館と周辺環境を含めて重伝建地区に選定された年で、これに合わせて歴観協を開催したのではないかと思う。神戸市の技官であった故・坂本勝比古さん（後の千葉大教授）が、北野町山本通の西洋館や地域の特徴をお話しされた。当時は、歴史的町並みを、その土地固有の歴史的景観として、まちづくりに活かすことは先進的な考え方であった。参加者もみな若かったが、ビシッとスーツを着こなし、「保存だけではなく活用だ。まちづくりに活かせ」と熱い議論が飛び交ってい

山本通には西洋館が連なり、町並み景観は圧巻。西洋館は明治期に建設されたものが多い。

た。ぼくは、なんとジーパンにトレーナーという場ちがいのいで立ちで参加。しかも、議論についていけない。みなさん方から熱い?視線を浴びた記憶が鮮明に残っている。

こんな思い出を六甲荘のロビーで話していたら、「ぼくが市役所に入ったのは昭和58年(1983)です。いきなり重伝建の担当に抜擢?されて、右も左もわからなかった」と浜田さん。京都大学の建築学科を卒業して神戸市に就職、最初に出会ったのが重伝建だったのだ。運命的であった。異人館、いや西洋館の重伝建地区は、開港都市という位置づけからすると神戸市が全国初の快挙であり、函館市、長崎市がこれに続き、横浜市はアーバンデザインを軸に歴史を生かしたまちづくりを模索していたころであった。

重伝建と観光

先ずは、久しぶりに浜田さんのご案内で、まち歩きと決め込んだ。山本通から坂道を登り切って風見鶏の館（旧トーマス邸・国重要文化財）の前にきたら、可愛らしい女性グループから「シャッターをお願いします」と、写真撮影を頼まれた。浜田さんは、すかさず笑顔で、「ＯＫですよ」とフットワークが軽い。さらに、間髪入れずに「何処から？」の問い。グループの代表らしい女性から「沖縄からです」と答えが返ってきた。「沖縄に異人館はないからステキです」という。沖縄こそエキゾチックなイメージがあるので、やや意外な感じがしたが、考えてみれば、たしかに神戸は、西洋館・異人館で全国的に有名なのだ。風見鶏の館付近は、まさに観光地。人が群がっている。英国シビック・トラスト理事、パーシバルさんからご教示いただいた「ハニーポット」という表現がピタリ。賑わいは活力でもある。

けれども、北野町山本通を重伝建地区にすることには、賛否両論があった。住宅地が観光化されてしまうと、住環境が悪化するのでは?と懸念されていたからだ。さまざまな困難を乗り越え、結果として見事に重伝建地区になった。後年、神戸の異人館の保存調査に携わった坂本勝比古先生に、公益社団法人横浜歴史資産調査会の役員として横浜山手西洋館の再調査をご指導いただく機会に恵まれた。そのとき坂本先生は「神戸に重伝建地区が出来て街が活性化した」と笑顔で切り出され、続けて「今となっては、横浜山手もそうあって欲しかった」と感慨深げにお話しされ

風見鶏の館（旧トーマス邸・国重要文化財）周辺は人気スポットである。

た。これを聞いて、重伝建地区のダイナミズムを感じたぼくは、それを浜田さんにお話しした。すると、重伝建は地域に活力をもたらすばかりか、住環境の保全にも有効な手立てだと語ってくれた。修羅場を渡ってきたからこその力強い言葉に思わず頷いた。

建造物修理は戦場

神戸市文化財課重伝建担当者であった浜田さんは、まだ新米だったころの「忘れられない思い出がたくさんある」と、歩きながら感慨深げに語ってくれた。ちょうど、西洋館と西洋館の間の細い路地にさしかかったときだ。ある西洋館の修理事業で、この路地を近道としてよく利用したそうだ。路地を抜けると、その西洋館の裏手に出た。

じつは、これが初めて修理を担当した、いわくつきの建物だった。その名は「パラスティン邸」。ロシア白軍将校のパラスティンさんの家だった。彼の生涯は、まるで流浪の民のようだ。ロシアで敗残兵となり、シベリアに逃げ、娘さんと生き別れた。その後、満州国から広島にわたり被爆。戦後、神戸市に移住し貿易商となって成功をおさめたが、無国籍のままだった。年老いた彼の面倒を隣人が見ていた。この隣人の家は、近代和風住宅で伝統的建造物であった。

浜田さんは、その隣人を通じて、パラスティンさんと知り合いになった。浜田さんは、パラスティン邸を保存したかったが、建物が傷んでいることもあり、本人は早く売却したがっていた。そんななか、アパレル系の会社が、購入の手を挙げてくれた。しかも、公開にも前向きだった。神戸市は伝統的建造物でもあった建物の保存修理について、全面的に支援・協力することになった。もちろん、担当は浜田さんであった。

激戦の想い出深い路地にて。

バブル絶頂期の1980年代のこと、世の中いけいけどんどんの時代であった。神戸市は、貴重な建物であるからと、思い切って半解体修理をすることを決め、約2000万円の補助金をつけた。いまだからいえるが、このとき建築基準法を無視して突っ走ったのだ。この当時の重伝建地区内では、修景・修理が進む一方で、「壊したい」とする所有者も少なからずいて、活発な動きが日常茶飯事であった。

パラスティン邸の修理で忙殺される浜田さんに、災難が降りかかった。パラスティン邸の前の坂道を上がったところにある異人館の所有者が、古いから取り壊したいと浜田さんに相談にきたのだ。もちろん、答えは「ノー」である。伝建指定の建物だから壊さないようにとお願いした。

すると、その所有者の男は怒り心頭となって、「壊すと法律に触れるのか」と凄んできたのだ。それから何度も、浜田さんは怒鳴り込まれたが、毅然として屈服せず、そのたびに取り壊さないよう粘り強くお願いし続けた。

しかし、それでは収まらない。やがてだんだんと、その男は筋が良くないことが分かってきた。浜田さんには、目をつけられたら困る弱みがひとつあった。パラスティン邸の工事は、勢いで一気に修理事業に入ってしまい、半解体修理に必要な建築確認申請が後回し

感慨深い建物、パラスティン邸。

になっていたのだ。その男も建設関係である。もし、これにつけこまれたらどうしよう?役所が違法な工事をしていると喧伝されたら大変なことになる。浜田さんは、すぐに上司に相談した。ところが相談に乗ってくれるどころか、みんな知らん振り。一蓮托生のはずが、一転して四面楚歌となってしまった。

　びくびくする毎日。もう、だれにも相談できない。悩んでいても答えはでない。とにかくしんどかった。涙の捨て所であったジャズ・バー「クロス」で、大好きなバーボン、ジャックダニエルを毎晩あおった。

「とにかく残すことが大事」と、無心でやり抜いたことだから悔いはなかった。重伝

バー「SONE」にて、お気に入りのジャズを聴きながら。

建の素晴らしさに目覚めていたので、本音ではまだ10年くらい重伝建を担当したかったが、思い余って奥さまにも内緒で辞表を書いた。無念で涙が出たそうだ。

その後も、その声の大きな男は、怒鳴り込んできた。ところが、回を重ねるうちに、だんだん浜田さんの説得に耳を傾けるようになってきた。そして、6ケ月たって、取り壊しは中止となった。曳家して残ったのである。けれども敷地内には、新築の建物も建ってしまった。なんとも言い難い苦い結果ではあった。

そのときの先輩の言葉が印象的だ。「だれかに助けてもらって仕事したらあかん。オマエの仕事だろう。何かあったら、みんな逃げたいから」(?.?.)と。こんな教えから浜田さんは、役所は組織だから個人商店とはちがい、みんなで取り組むべき。でもやっぱり、個人が責任をもつこと、つまり「一人で決めて、一人でやる」が信条かな?と、ジャズが鳴るバー「SONE」のカウンターでニヤリ。

もうひとつの神戸市の宝、茅葺民家との出会い

さて、重伝建地区に燃えた浜田さんが、もうひとつ力を注いだのが茅葺民家の調査と保存であった。神戸市といっても、六甲山の裏側の北区や西区は農村風景がひろがり、およそ港町神戸のイメージとは違う文化的景観が展開する。わが国最古の民家といわれる箱木千年家(築は1300年代か?)があるのもこの地区である。

浜田さんは、舗装もしていない悪路がつづく農道を、ジープに乗って茅葺民家集落の調査にのぞんだ。同行した専門家の宮本長二郎さんが、ここはほんとうに神戸市か?とつぶやくほどの世界。平成2年(1990)になんと約1000棟の古民家を確認している。

重伝建の後は六甲山の背後に広がる茅葺集落を調査。約1000棟を確認。写真は箱木千年家。

西区の民家の屋根はわら葺き、北区の民家の屋根はススキとヨシ、地域によって屋根材が違うことも発見している。また、分水嶺を挟んで民家の形がちがうことがわかった。大池峠を境に、東側の武庫川水系では妻入りで摂津・丹波型、西側の加古川水系では平入りで播磨型、それぞれ形が分かれていた。主な民家は、実測をおこない、詳細な図面を作成した。電話帳のような立派な報告書が発行され、話題を呼んだ。その後、平成27年（２０１５）度に再調査を行った結果、約８００棟が健在だったそうだ。六甲山の裏手の農村は、いまでこそ住宅地として開発が進んでいるが、稲作、畑作、林業等で神戸の経済発展の一端を担ってきたのである。
調査成果は、農村部の生活文化を大切にしたまちづくり計画に生かされている。六甲山を介して街と村が共存する神戸市、その奥深さを実感できる仕事に携わることができて「面白かった」と、満面の笑顔がナイスな浜田さん。

さて、ここで少し近況の報告もしておこう。最近ぼくは、公益社団法人横浜歴史資産調査会が事務局を運営するシルクロードネットワーク協議会を通じ、絹文化をまちづくりに生かす活動を浜田さんとおこなっている。わが国近代化の原資となった絹産業、その製品の主な輸出拠点は横浜と神戸であった。横浜山手は、当時から生糸商の邸宅である西洋館が建ち並んでいた地区。関東大震災で、明治期の西洋館は失われたが、地割を元にその後また再び西洋館が建てられている。横浜山手は重伝建地区にはなっていないが、歴史を生かしたまちづくり要綱等を駆使して保存・活用をおこなっている。

平成31年（２０１９）３月には、浜田さんや、函館の妹尾さん、長崎の柿森さんにも横浜へお越しいただき、開港都市の歴史を生かしたまちづくりシンポジウムを開催した。浜田さんからは、山手の重伝建地区に向けて力強いエールを頂いた。それが横浜の励みになっている。

（取材 ２０１６年）

旧トーマス邸（風見鶏の館）のダイニングルーム（上）旧トーマス邸望楼から望む港方面（右）

天満宮から見た旧トーマス邸の全景

北野西洋館群。長屋のように建物が密集。
多くは公開されており、カフェやバーなどに活用されているものもある。

保存された旧ハンター邸の遺構。屋敷はないが、塀やエンブレムが残る。これも伝建物として指定している。

浜田さんが作成した景観ガイドラインには、外壁色のコードなどが決められ修理の規範となっている。

廃校になった小学校をリノベーションした「北野工房のまち」、レトロモダンな空間を活用して、体験型の観光スポットになっている。

宅地開発で市街地になっても、集落の農村歌舞伎舞台が、かつての生活文化の証として残っている。北区下谷上で。

舞台は回り舞台構造になっている。

鹿児島県／南九州市知覧　武家町

全国人並み会　事務局長

厚村善人

美人が取り持つ縁

厚村さんに初めてお会いしたのは、毎年開催される日本茅葺文化協会のフォーラムだった。大内宿や五箇山ほか、重伝建地区などでフォーラムを重ねてきた。そのたびに厚村さんは、たくさんのお仲間と大挙して参加されるからとくに印象深い。

お仲間は、茅葺師もいれば女性もいる。その女性たちが、みんな美人だから気になってしょうがない。あるとき、なぜ女性がくるのか?と聞いてみた。答えは、地元知覧の茅葺保存会のメンバーということだった。屋根葺き師でもないのにメンバーなのは不思議だと思い、酔った勢いでさらに突っ込むと、女性たちの正体は「バーのホステスさんたち」であった。じつに意外な答えで、思わずびっくり。

茅葺仕事を終えて知覧のバーで打ち上げをするうちに、その活動にママやホステスさんたちが賛同してくれたのだという。それで屋根葺き仕事があるときは、現場の茅運びや賄いのお手伝いにきてくれるようになったそうだ。知覧の人脈は偉大である。全国でもこんな素敵な事例は初めてだ。そこで、何としても知覧に行きたい。全国人並み会事務局長厚村さんにお会いしたい、お話を聞きたい。そしてもちろん、バーに行きたいとなった。

庭も建物も文化財

知覧の武家屋敷は、昭和56年（１９８１）11月に重伝建地区に選定されているが、その寸前の同年2月に7軒の武家屋敷のお庭が国指定名勝になっている。まさしく知覧は、文化財の宝庫。知覧は、麓集落と呼ばれる薩摩藩独自の防御拠点のひとつで、藩内にはこの手の集落が１１３か所あった。そのなかで重伝建地区になっているのが、知覧のほかに出水麓集落（出水市）、入来麓集落（薩摩川内市）である。なかでも最初に重伝建地区になったのが知覧麓集落である。麓集落は、中世の山城の麓に築かれた集落で、御仮屋を中心に武士（郷士）が居住し、有事の際は鍬を刀にかえて戦いに挑む体制がとられていた。これが薩摩藩の鉄壁の構えであった。集落内は整然と区画され、石垣とイヌマキ等の生垣で囲まれた武家屋敷が連なり、いまも緑豊かな住環境が展開している。

名勝に指定されている知覧のお庭は、石組を中心とした武士好みである。
伝統的建造物である武家屋敷とセットで楽しめる。

知覧の武家屋敷が重伝建地区になった後、6年ものあいだ保存修理専任の担当者がいなかったのだ。そこで昭和62年（1987）5月に急遽、厚村さんは町長部局の建築係から教育委員会文化課に異動になった。

縁あってか?·図らずも文化財保護の世界に飛び込んでしまったのだ。担当になってすぐに最前線の仕事がまっていた。伝統的建造物の修理や石垣の積みなおしなど、日々慣れない仕事が進んでいった。気がつけば約15年間、重伝建地区に携わったことになる。

修理は茅葺屋根が要

知覧の武家屋敷は、石垣と生垣に囲まれた敷地内に、茅で屋根を葺いた主屋や付属屋、そしてお庭で構成されている。重伝建地区の伝統的建造物の修理で、いちばん頭を痛めたのがこの茅葺屋根の修理である。茅葺屋根を葺く技術は、昔から活躍してきた地元の茅葺師の仕事によって継承されている。しかし、年配者が多く、最高齢は80歳。若手の育成を促進しなければ、茅葺屋根の明日はない。茅葺技術の伝承と茅の確保は、切実な問題になりつつあった。

茅葺職人集団は、知覧町のなかに二つあった。それは、横峯グループと堤ノ原グループで、互いに相いれない状況にもあった。合計約10名の陣容。厚村さんは即座に、バラバラに活動していたのでは、もったいないと判断。知覧の武家屋敷保存のために、一緒に活動することを提案した。二つのグループの親分にお会いして説得すると、意外にも知覧のためならと双方とも積極的に話を聞いてくれた。まずは、将来的に茅葺技術を伝承することの大切さを訴えた。さらに後継者の育成、茅場の確保にまで話が進んでいった。すると、グル

厚村さんが復元にご苦労された「旧高城家住宅」。二ツ家造りが特徴の茅葺武家屋敷だ。

ープの皆さんは、使命感をもって将来に臨みたいと、熱い想いを厚村さんに投げかけてきたのである。約半年間におよんだ話し合いは、ついに実を結んだ。そして、めでたく平成7年（1995）に、知覧町茅葺技術保存会を設立することとなった。

厚村さんいわく、思い起こせばそのきっかけになったのが、旧高城家住宅だった。担当として伝統的建造物の修理を数々手掛けてきたが、いちばん苦労したのがこの旧高城家住宅だったから、当時のことをよく覚えている。土田充義教授、揚村固助手（鹿児島大学）が担当されて、平成3年（1991）から復元調査がおこなわれた。この結果をもとに、建物のオモテとナカエを、平成4年（1992）から5年にかけて復元したのである。

　このときに知覧町内の屋根葺師がまとまって、いや束になって取り組んだおかげで、茅屋根を順調に葺きあげることができた。工事を終えたあとに厚村さんは、末永く屋根葺きを続ける仕組みが必要ではないかと考えた。茅葺師の方々も、同じことを思ったそうだ。旧高城家住宅の復元が契機となり、知覧独自の茅葺屋根伝承の仕組みが生まれることとなったのだ。

つねに難問の壁、第一種住宅専用地域へ

　重伝建地区になったとはいっても、地域の歴史的環境を守るには、住民や行政が互いの信頼関係をもとに、力を合わせて臨まなければ何事も前には進まない。ところが、難問はいつもついて回るのである。あるとき、重伝建地区に観光物産館を建設したいと、町役場の経済課が言いはじめた。担当の厚村さんはすぐさま、それは出来ないと答えを出したが、

知覧麓集落の武家屋敷は、イヌマキの生垣と石積みに囲まれた敷地にある。
通りの曲り角には、琉球由来の魔除けである石敢當が見られる。

相手は観光振興策として必要不可欠だといって一歩も引かない。いやはや、敵は内部にありである。

そこで厚村さんは一気に強硬策に出た。「これを行政が造ったら、住民が何を造ろうと反対できなくなる」と経済課にねじ込んだ。その結果、計画は見直されて観光物産館は、保存地区外の新道側に建設されたのである。さらに二度とこのような動きが生まれないように、都市計画課と協議して、保存地区内を第一種住宅専用地域へと用途指定したのである。運よく都市計画課には理解者がいたのだ。

この出来事によって、保存のためなら住民側にも行政側にも立たなければならない、そういう宿命を感じたのであった。

保存地区内の固定資産税減免条例をつくる

伝統的建造物を将来にわたり保存・継承することは、住まい手にとって苦労が絶えないことである。建物の修理はもちろんだが、固定資産税も重くのしかかってくる。厚村さんは、ちょうど町並み保存係長で再び最前線に戻ったとき、固定資産税の減免措置を考え、実行したのである。なにしろ武家屋敷の敷地は、平均1000坪の広さだ。東京の銀座とは比べようもない田舎だが、なにしろ面積が広い。税務課と調整をおこなったが、なかなか首を縦には振ってくれない。それもそのはず、固定資産税は地方税だから、減免すると町の税収が減るのは歴然。あたり前である。

粘り腰の厚村さんは長期戦に持ち込んだ。そして各地の重伝建地区の状況を勉強した。ようするに減った税収をどのようにリカバーするのか?ここが肝なのである。解決の糸口

公開されている武家屋敷を訪れるみなさんに、親切な案内をされる厚村さん。

は、国からの特別交付税にあった。税法上は、固定資産税を減免、その分が還元されるという仕組みを知ったのである。文化財保護法に基づく指定物件然りである。

長い道のりであったが、税務課に知らせると胸をなでおろし、笑顔で了承となった。けっきょく住民も行政も、お互いが満足する結果となった。こうしていろいろと智慧を巡らし、多くのみなさんのおかげで保存は順調に進んでいくのである。

一方、苦い思い出としては、こんなこともあった。ある県議会議員から、武家屋敷の保存を将来的に見直して欲しいとリクエストがきたのである。いつまで保存地区を貫くつもりか？10年後、20年後には住まい手が亡くなることもあるだろう、というのが理由らしいのだ。しかし、あまりにもベクトルが違いすぎる話だったので、厚村さんはそれを無視した。

すると、「お前が県職ならば、直ぐにクビにしてやる」との声が飛んできた。もちろん厚村さんは、重伝建地区を守るために、絶対に承服はしないと言い返した。そんなことが続くうちに、その県議会議員はお亡くなりになったそうだ。

重伝建地区の行政担当のみなさんは、つねにこのように風当たりが強いのである。それでも、重伝建地区のためなら絶対に負けないという信念を貫いていらっしゃるのである。じつに立派なことである。

「だれやめ」はオアシスのこと?

台風のような風が吹き荒れたり、たくさんの矢が飛んできたりするのは、住民や役場内部からだけではない。ときには、文化庁の担当者からも飛んでくる。それは厚村さんが、

疲れをいやしてくれる「だれやめ」のお伴は、大好きな焼酎「桜島」。

建築係から文化課に異動したばかりのとき、「亀甲城公園」の開発事件だ。

当時の知覧町は、町の事業として重伝建地区内で事業をおこなうのだから、特別な許可は必要ないと判断して、文化庁とも協議しないまま開発事業をおこなった。すると、文化財調査官であった益田氏の怒りが爆発。厚村さんの前任者がやらかしたことではあったが、後任の厚村さんが尻拭きをするハメになった。とくに指導の厳しさでは定評のある益田氏だから、なかなか納まらない。悪いのは知覧町だから、怒られるのは当然である。そこで、厚村さんは、謝罪のために東京へ出張。さらに始末書を作成し、どうにか事なきを得たのだそうだ。

さまざまな困難や苦労が、重伝建担当者にはつきものである。それが時を重ねるにしたがって、人生の糧になってくる。保存地区内の住民のみなさんと顔なじみになり、何度も顔を合わせて話を伺っているうちに信頼関係が出来あがってゆく。

「重伝建地区の担当になって人生の土台が出来た」と、厚村さんは大好きな芋焼酎を片手に語ってくれた。明るく楽しく杯を交わすことが何よりの楽しみでもあり、この開放感がたまらないのだそうだ。これを薩摩の方言で「だれやめ」という。この不思議な響きの言葉は、標準語の語感だと「だれたことを止める」という意味に捉えがちだが、真の意味はまるで逆だ。じつは疲れを取る、ご苦労さん会という意味である。この「だれやめ」があるから、辛い目にあっても重伝建地区を守り・育て続けてこられたのかもしれない。まさに「だれやめ」は人生のオアシス。

オアシスといえば、さきの茅葺保存会の女性会員が夜に活躍するバーは「だれやめ」の拠点でもある。みなさんが愛してやまないバーは、別名「夜の動物園」。何で?と聞くと、厚村さんは、行けば分かるとニヤニヤ。そこで、第一回目の聞き取りを切りあげて、目指すは「夜の動物園」。バーは町を貫く街道に沿った商店街にあった。イエローのドアーを開けると、右手にカウンンター、左手にボックス席、奥に小上がりが見える。

「奥！奥！」という女性の声に誘われて小上がりへ。なんと畳敷きである。小さな座卓を囲むと、ウイスキーではなく、またまた芋焼酎。バーに来ても居酒屋と変わらない。変わったのは、ホステスさんがいること。色とりどりの衣裳を纏った美人が、勢ぞろいである。おまけに焼酎の銘柄も薩摩美人。「だれやめ」の場は、オアシスどころか、あたかも桃源郷である。

ホステスさんがいると、場が盛りあがるのはあたり前。酔いがまわるにつれ、さらに浮かれたついでに、だんだんホステスさんの振る舞いにも目が慣れてくる。と同時に、容姿の観察もはじまる。細い、丸い、太い……身体つきも、そして顔つきも気になる。とにかくみなさん個性的で、それぞれの差が著しく、よそのバーでは実感したことがない感覚に陥った。そう、ローカル色満開、まさしくさまざまな動物が蠢く、春の宵の動物園。子供のぼくは、もう夢中である。

見学を終え、外へ出て一呼吸。人生を卓越しているあっちゃん（厚村さん）のお陰で、心はすっきり軽やか。夜空を仰ぐと、重伝建地区とともに人生を歩んでこられた、全国人並み会のみなさまの顔も浮かんできた。

（取材 2016年）

さつきとイヌマキの大刈込が美しい平山亮一氏庭園。手前の石柱は盆栽観賞用の台。

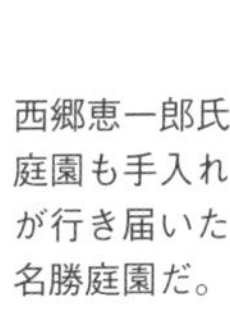

西郷恵一郎氏庭園も手入れが行き届いた名勝庭園だ。

全国人並み会の見学会のひとコマ。イヌマキと石積みが生み出す空間が心地よい。

武家屋敷の内部には、生活用具なども展示され、往時の暮らしぶりを彷彿とさせる。

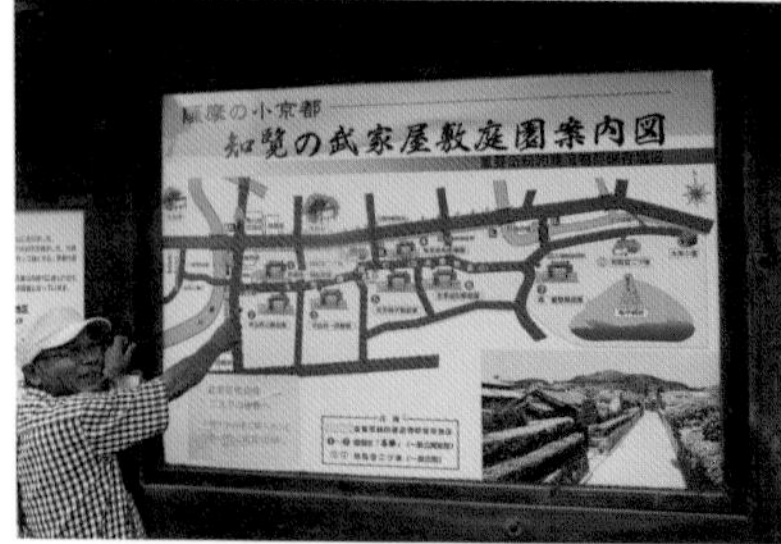

重伝建地区と名勝庭園が一目でわかる絵図。

高城家にて。イヌマキの生垣をくぐる構造が洒落ている。

佐多直忠邸の門（左）と庭（下）。門をくぐるとすぐ城の桝形を思わせるような石組・屏風岩がある。庭は水墨画を見事に表現した大刈込式蓬莱石組庭園。

宮崎県／日向市美々津　港町

黒木久遠（くろきひさとお）

黒木流ホスピタリティー

斬新なデザインの高架駅となった日豊本線日向駅の改札口で、開口一番「10キロ痩せたぞ」と、黒木さんはぼくの肩を叩いた。相変わらずデブのままのぼくを見て笑っている。そう、一年前の全国人並み会（神戸市で平成27年（2015）6月開催）でお会いしたとき、黒木さんは見事な太鼓腹だったから、約10か月での大変身だ。はやりの炭水化物ダイエット法を取り入れたのかと思いきや、答えは「ウォーキング」だった。毎日、二つの丘を越え、家から2キロほど離れた日向灘沿いの砂浜を散歩して、魚市場に寄り買い物をするのだとか。そのお蔭で、糖尿病は消え、血圧も降下し、体調はすこぶる快調だそうだ。これを聞いて、少しでも痩せたいぼくは、車に乗ってからも、美々津の町並みはそっちのけ状態で「黒木流ダイエット」に聞き入った。けっきょく「ぼく、もっと歩くよ」と力なくぽつり。これで一件落着。

「メシいこう」と連れていかれた店は、とんかつ屋である。ダイエット話で盛りあがっているのに、とんかつ屋とは?と首を傾げていると、「ここが好きだろうと思ってさ」と、

石畳の道に面して妻入りの町家が並ぶ仲町の景観。

視線が飛んできた。もちろん、「イエス」である。そう、黒木さんから観光まちづくりをテーマとした講演を頼まれて、約20年前に日向市にきたことがある。そのときの昼飯も、このとんかつ屋だった。確かに旨かった。黒木さんの優しさ溢れるホスピタリティーは健在である。

注文が面白い。黒木さんの口からは、「ヒレカツにエビ一本のせて」である。店員も慣れたもので、「こちらがお得」とメニューを裏返して指さす。なるほど「ヒレカツとエビ一本定食」は常連の定番なのだ。「オマエはロースだろう」と、またニヤリ。図星。またしても「イエス、イエス」である。ボリュームは満点。てんこ盛りのご飯と味

重伝建地区では全国初となる防災センターの脇を抜ける「突き抜け」が、まっすぐ海浜へつながっている。

噌汁も完食し、カロリー満タン。これで黒木節の取材体制は万全となった。

美々津の町並み

高千穂峰の麓・椎葉村から流れ出た耳川の河口に開けた港町が、美々津である。古くは神武天皇が東征した船出の地として知られ、江戸期には関西方面との廻船業で繁栄、近代では日本海軍発祥の地としても有名である。ようするに重伝建地区でというよりも、これらの史実で美々津の名は知られているのだ。美々津は、山側から日向灘の海岸に向かい、上町、中町、下町の順に三本の道が平行に町を貫いている。これを町の横糸とすれば、縦糸といえるのが地元で「突き抜け」と呼ぶ細い路地で、三本の道を繋ぐ生活空間として機能している。三本のメイン通りと「突き抜け」からなる美々津の町並みは、風情ある生活風景が展開していて趣深い。とくに民家の脇をすり抜ける「突き抜け」は、まさに生活道路、共同井戸も健在で人の輪が絶えない。活き活きとした町並み。これが美々津の町の第一印象である。

保存地区への合意形成は命がけ

黒木さんは、社会教育課の事務職であり、建築の専門家ではない。しかし、美々津の町並みを、なんとかして未来永劫、地域が誇る宝として伝え残したいという熱意は人一倍であった。だからブレない。いやブレたり、媚びたりしたら、信念は貫けないのである。

子供のころから九州男児の心意気を忘れたことはない。これが自身の生き方の哲学でもあった。でも、そんな確固とした礎を抱きながらも、町並み保存は何度も暗礁に乗りあげた。そのきわめつけは、伝統的建造物群保存地区に向けて地区決定をするため、住民のみなさんから合意を得ることだった。さすがの黒木さんにも、苦悩の日々が続いた。

とにかく、住民が「うん」といって納得し判をついてくれなければ、保存地区は決められないのだ。だから美々津の保存地区予定地の各家を、午前に2軒、午後は3軒と、昼も夜も訪問して説得にまわった。「居留守なんてあたり前」、でもあきらめずに何度も訪問した。いや、これしか方法はないのだ。そうやって各家を回っていると、いろいろなことが見えてくる。どことどこが親戚で、どことどこが兄弟であるとか。さらにさまざまな人脈や人間関係が分かるようになるから面白い。

いわゆる面倒くさい人は、限りがない。美々津のみなさんはプライドが高い、そう感じたそうだ。それは美々津が、別名「立ち縫いの里」と呼ばれる所以につながる。神武天皇がお船出されたときに、衣が綻びていたのを見つけた住民が、気づかれないように立ちながら綻びを直したというのが、この別名の由来なのだという。ようするに男気のある土地柄、という意味なのだ。時を隔てて黒木さんも、そんな男気を感じたことが、しばしばあったと語ってくれた。

郵 便 は が き

料金受取人払郵便

上野局承認

9150

差出有効期間
2025年3月
31日まで

1 9 0

東京都台東区台東 1-7-1 邦洋秋葉原ビル2F
駒草出版 株式会社ダンク 行

ペンネーム

□男 □女 (　　　)歳

メールアドレス (※1)　新刊情報などのDMを □送って欲しい □いらない

お住いの地域

都 道
府 県　　　市 区 郡

ご職業

※ 1 DMの送信以外で使用することはありません。
※ 2 この愛読者カードにお寄せいただいた、ご感想、ご意見については、個人を特定できない形にて広告、ホームページ、ご案内資料等にて紹介させていただく場合がございますので、ご了承ください。

駒草出版 株式会社 ダンク 出版事業部 https://www.komakusa-pub.jp/

本書をお買い上げいただきまして、ありがとうございました。
今後の参考のために、以下のアンケートにご協力をお願いいたします。

(1) 購入された本についてお教えください。

書名：

ご購入日：　　　　　　　　　　年　　　　月　　　　日

ご購入書店名：

(2) 本書を何でお知りになりましたか。(複数回答可)

□広告（紙誌名：　　　　　　　　　　　　　　　　　　）　□弊社の刊行案内
□web/SNS（サイト名：　　　　　　　　　　　　　　　）　□実物を見て
□書評（紙誌名：　　　　　　　　　　　　　　　　　　）
□ラジオ／テレビ（番組名：　　　　　　　　　　　　　　　　　　　　　　　）
□レビューを見て（Amazon／その他　　　　　　　　　　　　　　　　　　　　）

(3) 購入された動機をお聞かせください。(複数回答可)

□本の内容で　□著者名で　□書名が気に入ったから
□出版社名で　□表紙のデザインがよかった　□その他

(4) 電子書籍は購入しますか。

□全く買わない　□たまに買う　□月に一冊以上

(5) 普段、お読みになっている新聞・雑誌はありますか。あればお書きください。

［　　　　　　　　　　　　　　　　　　　　　　　　　　　　　　　　　　］

(6) 本書についてのご感想・駒草出版へのご意見等ございましたらお聞かせください。

（※2）

井戸のある水場は、住民のコミュニティスペースである。

あるとき、「夜の9時にきてくれ」と、住人の男性から電話があった。昼夜を問わず美々津への出勤体制は維持している。市役所のある日向市中心部から、車で約30分、すぐに駆けつけることができる。それが黒木さんの自負でもあった。

それからというもの、この夜9時の男は、合意のお願いに伺うと、かならず一杯やれと誘う。しかし、勤務中。それに車だ。当然、お断りする。すると、口もきかない。毎回、もんもんとした時が流れる。と、ある日、帰り際に「いつも夜、ご苦労さんだったな」と言って、焼酎の一升瓶を3本束ねて差し出してくれた。まさに黒木さんの粘り腰に、軍配があがったときだ。そう、町の人は、本当は優しいし、町への愛着はひとしおなのである。このとき黒木さんは、思わず涙が出たそうだ。しかし、最後まで首を縦に振らなかった人も多いという。

「やぁ、黒木さん。久しぶり」と、通りすがりの白髪の男性が声をかけてきた。ちょうど、ぼくと町歩きをしている最中のこと。男性は、「いろいろ、ご迷惑をおかけしました。女房が亡くなって、元気がない」と、うつむき加減に話している。あとで聞けば、黒木さんはちょっぴり目を赤くしながら、「なかなか合意をしてくれなかった人だよ」とぽつり。

重伝建地区になってすでに約30年、美々津の町も人も歳月を重ね、まさに歴史を紡いでいるのだ。じつは、ぼくが初めて美々津にきたのは、昭和54年（１９７９）だから40年以上前のこと。あっという間の人生。黒木さんとのお付き合いも長い。そして再びこんな縁で結ばれるなんて不思議だ。これも美々津の町並みが、重伝建地区になったからである。

宿敵、佐藤久恵さんとの出会い

美々津の町並みへは、美々津駅方面からだと南側から海岸に沿って町に入ることになる。一方、日向市方面からは、海岸段丘のうえを走る国道を左に折れ、急坂をくだり、上町の町並みの北側にドカンとぶつかるように入ることになる。このときに真正面に見えるのが、明治期からの格子や虫籠窓が美しい平入の町家2棟、商家「藤屋」と「旧矢野家住宅」である。この2棟は、美々津への来訪者が最初に目にする大事な建物である。しかも、これらと一緒に北側へ緩やかにくだる坂道に連続して続く町並みは、アイストップに耳川河口の水景を抱き、じつに優美な町並み景観を形づくっている。いわば美々津の町並み全体の第一印象を決定づける大事な町並みということになる。

この2軒の町家は、黒木さん自身、美々津になくてはならない建物として、絶対に保存したいとしていた伝統的建造物だ。しかし、所有者にお会いすると、「保存には絶対反対、むしろ壊したい」との答えが返ってきた。特に旧矢野家住宅の家主の佐藤久恵さんは、かたくなに保存を拒んだ。佐藤さんにとって古い建物は必要なかった。間口が狭く奥が深い町家の敷地、その奥にすでに住居を構えていたからだ。それゆえに、道に面した表側の町家は不要であり、早く取り壊したかったのである。

そういう事情だったので、保存を訴える黒木さんの話を聞く必要は、はじめからない。

町並みの入り口から耳川方向を見る。右側手前より2軒目が旧矢野家。

何度も伺ったが、会えない。夜もだめ。近所の人に聞けば、佐藤さんは漁協にお勤めだった。漁協に乗り込むわけにもいかないから、仕事を終えて帰宅するときを見計らってやっとお会いできた。

でも家のなかには、入れてもらえない。玄関口で保存の話を切り出すが、まったく取り合ってもらえない。「保存は反対。むしろ壊したい」と、答えが返ってきた。それからも、何度もこまめに帰宅を待つが、ある時から佐藤さんが帰宅しなくなった。それもそのはず、帰宅時に黒木さんの車を見つけると、佐藤さんは遠回りしたり、知人の家に寄り道したりして、帰ってこないのだ。

これほど嫌われてしまっては、もう打つ手はないか?と黒木さんは思った。が、あるとき、いつも留守番をしている佐藤さんの息子さんとお話しすることを思い立った。考えてみれば、町並み保存地区になれば、いまの大人だけではなく後継者である若者や子供たちにも、将来にわたってながい関わり合いをもつことになる。黒木さんは日向市役所の担当だが、美々津に住まうみなさんは、保存地区とずっと付き合うことになる。住居である日常生活の場が、町並み保存地区となり、文化財になるということだから、町の将来を担う若者たちの理解なくしておいそれと保存地区には出来ないのだ。むしろ、佐藤さんの中学生の息子さんを説得することは、理にかなっていると考えたのだ。

そうして、息子さんへのアプローチが始まった。「美々津は、関西地方との交易で栄えた港、この町並みは先祖から受け継いだ宝だ。美々津は素晴らしい町」と話を切り出すと、息子さんは、しだいに耳を傾けてくれるようになった。「自分が生活する町をどのようにしてゆきたいか?」会うたびに、話は将来の夢に展開していった。建物だけ守るのではない。地域の人々の生活や文化を大切にして住み継ぐのだ。こんな黒木さんの言葉に、息子さんは引き込まれていった。

回を重ねるうちに、ついに肝心要の話をするときがきた。「美々津の町並みの玄関口に

かつての敵、いまは友の佐藤さんとともに。

あたるこの家を、先ず残さないと始まらない」と切り出したのだ。すると息子さんは「わかった。お母さんに伝えます」と笑顔で頷いた。後日、佐藤さんは「跡継ぎの息子に言われたのではしょうがない」と吹っ切れたように、「建物は守る」と黒木さんに伝えてきた。神武天皇のお船出以来、美々津に息づいている男気が物をいった瞬間である。

こんなくだりを、元佐藤さん宅であった町家の通り庭で聞いた。元というのは、佐藤さんは、この建物を日向市に寄付されたからだ。いまは「新ひむかまちづくり塾・美々津軒」になっている。当初は、日向市の土地と等価交換を目指したが、間口約5

間奥行約4間と敷地が広く、これに見合った土地は見つからなかった。これを契機に佐藤さんは、美々津軒の指定管理者となった。美々津軒は、美々津の町並みの魅力を観光客のみなさんに伝える学習交流施設であり、お休み処としての役割も果たしている。

「いまだから言うけど、黒木さんだから保存を決めた」と、佐藤さんは当時を振り返る。さらに「男気のある男」と黒木さんを褒める。美々津のみなさんは、とことん男気がお好きのようである。「義理と人情、やせ我慢」ではないが、世のなか、体を張って生き抜いている男らしい男の存在を改めて実感した。

町並み保存は、人と人とのトキメキから

佐藤さんは、黒木さんとの出会いがきっかけで町並み保存に関わり、全国各地の保存地区を歩く機会がふえたそうだ。そして、「いろいろな町の皆さんと出会うことで、学ぶことが多いし、トキメキを感じる。人生が変わった」と、つけ加えてくれた。つまり佐藤さ

耳川から続く町並みは、坂道に沿って連なり、風情あふれる景観を形成している。

んの人生にトキメキをもたらしたのは、黒木さんの存在だったといえる。

さて、その当の黒木さんに、トキメキをもたらした2人の人物を忘れるわけにはいかない。いずれも美々津の町並み保存で出会った人だ。一人は、調査手法や伝統的建造物の保存にのぞむ姿勢を、こと細かにご教示くださった文化庁建造物課主任調査官（当時）宮澤智士さん。毎日のように宮澤さんに叱咤激励され、男気を磨いた黒木さんは、まさにその一言一句に人生を賭けて美々津の町並み保存を手掛けたのだ。宮澤さんのご指導を直に受けたことが、その後の人生の糧になったといまも振り返る。なかでも「修理したが、修理したことが分からないのがいちばんよい」という宮澤さんの言葉が大好きだという。

もう一人は、写真家の三沢博昭さん。重伝建地区や歴史的建造物の写真を、大判サイズのカメラで鮮明に写し込む、三沢さん独特の世界に黒木さんは惚れた。それゆえ、佐藤久恵さん宅をはじめとする美々津の町家や町並みの写真撮影を依頼。その作品は、美々津のみなさんの郷土への誇りを一気に高めた。「三沢の車には箒が積んである。撮影の前に、家の前を掃き清める」と、黒木さんは三沢さんへの敬意を表する。

しかし、なんといっても佐藤久恵さんと黒木久遠さんの出会いこそ、美々津の町並み保存の歴史において、後世に語り継がれるべき物語だろう。佐藤さんいわく「久遠さんは怖い人」、黒木さんいわく「久恵さんは頑固もの」、そのお二人の笑顔は宝物。もちろん、9割の住民合意を成し遂げて、美々津の町並みを伝建地区や重伝建地区に導いた金丸認さん（美々津の町並みを守る会会長）の業績も忘れてはならない。こうした多くの人たちの信頼とトキメキ、そして住民、行政、専門家の力を結集して保存に至った美々津の町並みは、まさに珠玉の結晶である。

最後に、激戦、空中戦ばかりの黒木さん、その涙の捨て処にとても興味があるので伺った。それは、友人がやっているバー「ＯＢ―１」（映画スターウォーズ由来）。その友人は、

バー「OB―1」にて。マスターの仲道公昭さんと、
かつて伝建調査を行った稲用光治さん（県立宮崎工業高校長）とともに。

エリート校出身の温厚な紳士で、品格あるバーのマスターにピッタリの風貌。ここでの黒木さんの振る舞いが、またカッコイイ。さらっと酒を飲む姿が絵になっている。このバーで黒木さんから聞いた逸話をご披露して締めくくりたい。

「もう時効だからな」と黒木さんは、腹を抱えて笑いながら話し始めた。それは、白川村荻町と五箇山相倉、菅沼の合掌集落を世界文化遺産に登録申請するときのこと。文化庁の宮澤智士さんが、「黒木さんを担当者として推薦したい」と、白川村村長に伝えたというのだ。びっくり！ぼくは、思わずグラスを落としそうになった。文化庁の宮澤さんが、黒木さんをいかに信頼していたかを伺い知ることが出来るではないか。
町並み保存が、その地域のみならず、全国の人々とのつながりのなかで成り立っていることを思い知らされたエピソードである。

（取材 2016年）

美々津の町並みの玄関口にあたる中町の町家。手前の建物はまちなみセンター・お休み処として活用されており、内部も美しく整備されている。その奥の建物が旧矢野家住宅。

縁側にしつらえた「バンコ」で一休みする黒木さん。

神武天皇御船出にちなんで、古代船をモチーフにした飾りが各家の郵便受けに。

昔ながらの石畳を復元した突き抜け。

突き抜けには、生活感あふれる光景が展開している。

耳川河口の対岸より美々津の町並みを望む。（日豊本線の車窓より）
海にむかって開けた河口の町であることがよくわかる。

海軍発祥の地の記念碑。

重伝建地区で第一号となる防災施設は、美々津で造られた。蔵造りの消防蔵には消防車が待機。前面広場の地下には貯水槽が設けられている。黒木さんは防災にはかなり力を入れてきた。

林泰州（はやしやすくに）

島根県／大田市大森銀山　鉱山町

ゆったりと6時間超の鉄道旅

「とっておきのバーがあります」と、林泰州さんの言葉に誘われて、世界文化遺産に登録されている石見銀山の町並みに向かった。バーと石見銀山のどっちが目的なのか?答えは両方。世界文化遺産の構成遺産として登録されているのは、銀の採掘で繁栄した銀山とその核となる大森の町並み、そして銀の積出港である日本海に面した鞆ケ浦などである。林さんは、核となっている大森の町並みを重伝建地区にするためご尽力され、長年戦い抜いてきた。町並み保存にはなにかと辛いことがつきもの、林さんの涙の捨て処は一体どんな店なのか?先ずはそれに興味津々なのだ。

ぼくの電話一本で、勘のいい林さんは、すぐに趣旨を理解、酒を飲みながらの町並み保存談義に乗ってくれた。うれしいことに、横浜から山陰本線の大田市まで鉄路の旅、そして町並み、酒三昧という図式が出来あがった。まず東海道山陽新幹線で岡山へ。岡山から出雲市までは、振り子式電車として国鉄時代の昭和48年（1973）頃にデビューした381系特急電車だ。なんとこの振り子式電車は、岡山と出雲市を結ぶ特急「やくも」だ

大森の町並を貫く街道は、石見銀山に続く。石州瓦の渋い色調が、緑豊かな山間の町並みを印象づけている。

けに生き残っている貴重種である。倉敷から急カーブ急こう配が連続する伯備線に入っても、ずっと高速運転を続けているから感動。さすがに40年を超える車齢からか？車体の揺れは相当なもので、通路をぬけてトイレにたどり着くには、つり橋を渡る要領が必要だ。それでも国鉄時代に築いた振り子性能は現役で、見事な走りだ。

出雲市から大田市までは、こんどは最新の振り子機能付き気動車、スーパー「おき」号に乗り継いだ。最高速度１２０ｋｍ、美しい日本海沿いを飛ぶように走る。轟音とともに大田市駅に滑り込んだ。横浜からなんと6時間超え。飛行機で行けば……との声も聞こえるが、逸材に会うにはそれ相応のゆとりが必要。ぼくにとって鉄道は、そんな時間を作ってくれるありがたい乗り物なのである。大田市駅前からは特急の到着に合わせて、世界遺産・石見銀山行きのバスが接続しているから、山間の町まで約30分で容易に到達できる。林さんとの待ち合わせまで約1時間あるので、まずは町歩きと決めた。

世界文化遺産に登録されている石見銀山。その銀山を支えた町家筋が「大森の町並み」、世界文化遺産になる以前に重伝建地区に選定されていたのだ。その大森の町並みの保存に命を懸けた男、それが林さんである。

「現場百回」が林流ホスピタリティー

東京で学生生活を送っていた4年間、いつも故郷石見が恋しかったそうだ。卒業した林さんは、人生にブレはないと帰郷。昭和60年（1985）に大田市役所に就職した。翌年から大森の町並み調査担当になり、それをきっかけにこの道にのめりこんだ。24歳だった。

最初は、なんで町並みを保存しなければならないのか?疑問もあった。それを林さんに明解に説明してくれたのが、地元大森町に住む吉岡寛さん（大森町文化財保存会会長）。その理由は「町が生き残るための手段です」だった。「保存ではない。これは町の将来を見据えたまちづくり」と、即座に納得。以後、林さんはずっとブレることなく、大森の町並み保存とまちづくりに邁進することになるのである。

じつは、大森の町並み調査は、昭和49年（１９７４）に白木小三郎先生（大阪市立大学教授）が手掛けていた。林さんは、大森の町並みが将来にわたって地域活性化の核になりうることを確認するために、この調査成果をもとに町の現状を点検した。建物の状況ばかりではなく、住民のみなさんに町の現状を、毎日聞いて歩いたのだ。いまも口癖になっている「現場百回」は、このときに培った彼の実体験から生まれた言葉である。それは、重伝建地区に選定されてからも続けてきた。たとえば、こういうことである。「地元の方に来いと言われたら直ぐに行く」のは、「電話ではなかなか真意がわからない」からであり、「人の気持ちを大切にする」ためには、「分かっていることでも、実際に行って聞いたり伝えたりする」ことが基本だからである。これが林流のホスピタリティーでもある。

そんなふうに足で稼ぐ若手に、「地元の者が調査すれば本物」と檄を飛ばしてくれたのが、

街道は真っすぐではなく、ゆるやかに弧を描くように続いている。

当時の文化庁建造物課主任文化財調査官・宮澤智士さんだ。約半年間、地道な調査をおこない、その成果を東京の文化庁に出向き、宮澤調査官に持参している。この宮澤さんとの出会いが、のちに林さんの人生に大きな影響を与えることになるのである。

　新米が額に汗して調べあげた成果を、地元のみなさんも役所も絶賛。これをもとに地元や役所が力を合わせた結果、「大森の町並み」は昭和62年（１９８７）に晴れて重伝建地区に選定された。以後、林さんは、平成27年（２０１５）まで約28年間、町並み男となった。この間のご苦労は山ほどあった。しかし、元来ポジティブな性格の林さんは、「昨日の敵は、今日の味方」「現場百回」などの町並み語録を心の糧として、町並み保存を核とした歴史を生かしたまちづくりに邁進してきたのである。

町の生活文化交流拠点「熊谷家住宅」

大森の町並みのなかで、ひときわ異彩を放つ赤瓦を載せた大きな建物がある。熊谷家住宅（国重要文化財）である。熊谷家は、江戸期より代官所の御用達商人として、また町役人を務めるほか、銀山の経営もおこなった豪商である。長年空き家となっていたのだが、大田市が主導して家財道具の調査をはじめることになった。家財道具は、屋敷とともに熊谷家から大田市に寄贈されたものである。調査の参加者は、主に地元の女性たち。調査をご指導されたのは、この道の専門家として知られている小泉和子さん。役所の担当は、もちろん林さんだ。時代物の家財道具等の調査や整理は順調にすすみ、女性たちが中心的に関わって展示するまでにこぎつけ、平成18年（２００６）にめでたく公開に至ったのだ。

堂々とした佇まいの熊谷家住宅（国指定重要文化財）のファサード。

公開してからの管理運営も、この女性たちが「家の女たち」という名の任意団体を組織して、大田市から指定管理を任されるかたちで切り盛りしている。地域の生活文化を伝えるメッセンジャーとして、来訪者を温かく迎えているのだ。まさに先進的な事例といえるだろう。

ふつう伝統的建造物群を生かしてまちづくりをするとなると、必ず建築や歴史を軸とした調査が主になるのが当たり前なのだが、その町の生活文化、その家々の暮らしぶりを知ることも重要なことである。しかしこれまで、家財道具を通じて生活文化を読み解くような調査は、なかなかされてこなかった。熊谷家住宅の一般公開にあたり、

熊谷家住宅の内部。ディスプレイに女性のセンスが光る。

市民参加で調査に挑んだことは大いに評価されることである。

かつてぼくは、日本ナショナルトラスト在職中に、紅花のふるさと村田町（重伝建地区・宮城県）の町並み調査を担当した。村田は仙台市の南、仙南地区にあり江戸期から紅花の産地として知られていた。紅花商人が村田の町に多数存在し、地域で生産された紅花を峠越えの陸路で山形の大石田へ、そこから最上川舟運を利用して酒田へ、さらに北前船に乗せ換えて遠く敦賀で陸揚げし、京都へ運んでいた。町が紅花で繁栄したという証が、豪壮な土蔵造りである。調査にあたった藤島亥治郎先生（東京大学名誉教授）は、建物だけではなく、町のお宝を調べることで町の財力や文化力を証明できると判断され、紅花商人の家財道具を調査対象に入れた。結果として、陶磁器、書、絵画、塗物、鋳造品などさまざまな美術工芸品を発見し、地域の財力のみならず、文化度の高さを再認識したのである。この話を林さんにすると、「まったく同感」との答えがすぐに返ってきた。

地元の女性たちだからこそ、身をもって地域遺産を守り育てることが出来ると見抜いて大抜擢した林さんは、まさにまちづくりのプロデューサーなのである。

町並み談義はトリスバーへ

大森の町並みを歩き、熊谷家住宅を見学したあとは、いよいよ町並み談義に突入である。お勧めのバータイムの前に、まずは腹ごしらえである。林さん一押しのお店は、日本海の魚料理が旨い割烹「天草」。さっそくカウンター席に鍵の手状に腰かけた。まずは、地酒で乾杯。料理は、日本海の魚満載のお造りから始まり、林さんは「のどぐろ」の塩焼き、ぼくは子持ちカレイの煮付をメインと決めた。

酒が進む。と、林さんは、24歳から経験した町並み保存の激戦を、あれこれ思い出すように語り始めた。先輩の大國晴雄さんや渡部孝幸さんにいろいろと教わった。重伝建地区の選定にあたっては、この先輩方がご苦労されたそうだ。とくに大森町民の説得は、たいへんだったという。大森に住まうみなさんは、銀山という歴史性にも由来してプライドが高い。かつては、大田市の市街地より大森のほうが、町として栄えていたのだという。

林さんは先輩たちとともに、町の主だった人たちの家に何度も伺った。先にも触れたが、観光資源というだけではなく、生きるための手段として、町民は町並み保存を受け入れてくれたのだ。重伝建地区に選定されると、学者先生や首長ばかりにスポットが当たる。林さんは、「だから、匍匐前進した人を忘れてはならない」と、ぼくの目をみて呟いた。なんと温かい表現であろうか？いつだって町並み保存の主役は、その土地に住まう市民なのである。

それから重伝建地区にまつわるいろいろなエピソードを、走馬灯のごとく披露してくれた。役場に入れば、さまざまな部署に配属される。向き不向きが付いて回るが、それが役人の宿命でもある。「でもね」と、林さん。「いろいろ苦労しましたが、ぼくは重伝建地区の担当でよかった」と、さらり。人の想いを形にする。そんな醍醐味は、平凡になりがちな役人生活では、なかなか味わえないと付け加えた。

盃を重ねるうちに、重伝建地区の凄みがじわじわと伝わってきた。酒のおかげで頭も体も、よいころ合いになってきた。さりげなくシマを変えようと切り出すと、林さんはにんまりして、ぼくに視線を投げかけ、「そろそろママが来るころ」と席を立ち上がった。いよいよ佳境である。

目指すは、なんと「トリスバー」。ひと昔、いやもっと前の昭和時代の大衆洋酒処である。一時は全国に100店舗はあったという。その最後の生き残りが、大田駅に近い路地裏に生き延びている。そう、本命のトリスタイムの始まりだ。

地魚の店をあとに、ふらりと連れ立って歩く道は、住宅街を貫いている。昭和30年代ころの町家やハウスメーカーの新住宅が入り乱れて建ち並んでいる道は、緩やかな上り坂である。だから酔っ払いには、少々つらい。林さんと肩を組み、鼻歌まじりでたどる路地裏。ぼんやりと黄褐色の看板が揺れている。「ここです。トリスバー」との声に、足を止めて看板を見あげた。昔ながらの板張りのドアを押し込む。するとその先に、ママの笑顔があった。背後には、アンクルトリスのユーモラスな姿。

町並み保存で辛いことがあったときは、
このバーのカウンターでリフレッシュ。
林さんご推薦の「トリスバー」。
全国で8軒残るうちの一つが大森市内にある。

「ママにお世話になって20年」と林さん。大森の町並み保存で「しわい時」（方言：しんどいこと）があったら、自然にトリスバーに足が向いた。歴史的バーのカウンター越しに、ママに悩みを聞いてもらったことが何度もあった。だからママも、大森の町並み保存のことはよく知っている。まさに林さんの涙の捨て処なのである。ママは、地元大田市の方。お店とともに歴史を刻んでこられた風格ある存在だ。今日は、早めに店を開けてくれたことを知って感動。さっそくカウンターに陣取った。炙りだしのような照明と、ちょっぴりとっぽい内装に、心ワクワク。迷うことなく「トリスの水割り」を注文。グラスの向こうに、ママと林さんの横顔がシルエットで映った。

（取材　２０１８年）

トリスバーにて、筆者（左）とともに。

図書案内

2021.8

〈アイコンの見方〉

DVDブック DVD付き書籍

Blu-rayブック ブルーレイ付き書籍

CD付き CD付き書籍

電子書籍 電子書籍もあります（Kindle のみの場合もございます）

駒草出版

〒110-0016　東京都台東区台東 1-7-1 邦洋秋葉原ビル 2 階
TEL 03-3834-9087／FAX 03-3834-4508
https：//www.komakusa-pub.jp

※表示価格は税込（10%）です。 ※書店様にてご注文いただけます。

児童書

新・歴史人物伝 読みもの

CGビジュアル口絵で歴史のひとコマを体感できる！

新書判／上製／各188～212頁（カラー口絵付き）　本体　各1430円

❶ 西郷隆盛　越水利江子 著

激動の時代、人を愛し、新時代の幕開けに力を注いだ西郷隆盛の人物像に迫る。

❷ 坂本龍馬　仲野ワタリ 著

江戸時代末期。自由な発想で、日本の未来のために駆けぬけた幕末の英雄の物語。

❸ 土方歳三　藤咲あゆな 著

目まぐるしく変わる時代のなか、幕府が倒れるその最後の時まで戦った土方歳三の半生を描いた物語。

❹ 勝海舟　小沢章友 著

新政府軍の大将である西郷隆盛と身を挺して交渉し、江戸の町を戦火から守った幕末の英雄の一生を描く。

❺ 豊臣秀吉　仲野ワタリ 著

日ノ本一の出世男・豊臣秀吉が駆けぬけた、天下獲りへの道を描いた物語。

❻ 織田信長　藤咲あゆな 著

戦国屈指の武将織田信長。戦乱に荒れ果てた日本を統一していく様を描く。

❼ 徳川家康　松田朱夏 著

義を重んじ、誰よりも努力を惜しまず、最後に勝利をつかんだ名君の生涯を描く。

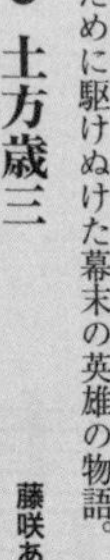

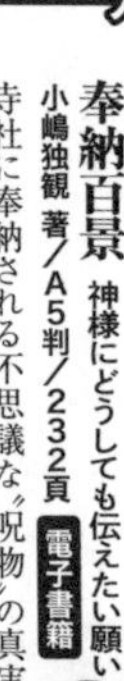

人文

神木探偵　神宿る木の秘密

本田不二雄 著／A5判／256頁

なぜその木は「御神木」として崇め祀られるのか。全国の「すごい」御神木69柱の秘密を解き明かす

オールカラー

本体1870円

奉納百景　神様にどうしても伝えたい願い

小嶋独観 著／A5判／232頁　電子書籍

寺社に奉納される不思議な〝呪物〟の真実。あなたはこんな奉納物、見たことありますか!?

オールカラー

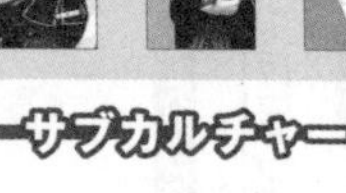

本体 1650円

サブカルチャー

失われた娯楽を求めて　極西マンガ論

仲俣暁生 著／四六判／160頁

文芸評論家・仲俣暁生、初のマンガ評論集！カバー画を手掛けた今日マチ子との対談も収録！

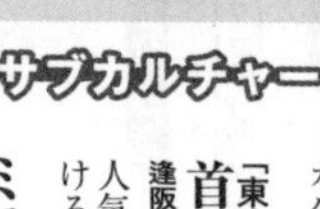

本体1100円

「東京DEEP案内」が選ぶ　首都圏 住みたくない街

逢阪まさよし+DEEP案内編集部 著／A5判／504頁　電子書籍

人気サイト、待望の書籍化!! 消去法的に見つける「住みたい街」探しの新バイブル!!

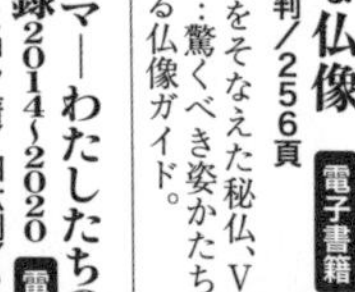

本体 2420円

6刷

ミステリーな仏像　電子書籍

本田不二雄 著／A5判／256頁

体内に臓器と骨格をそなえた秘仏、Vサインをする謎の菩薩……驚くべき姿かたちの神仏像。その史実に迫る仏像ガイド。

オールカラー

本体 1650円

3刷

韓国映画・ドラマ──わたしたちのおしゃべりの記録2014～2020

西森路代、ハン・トンヒョン著／四六判／284頁　電子書籍

激変する社会を映し出す韓国映画・ドラマの世界を、女ふたりでしゃべり尽くしました。

本体 1870円

大人気　趣味・実用

遺体搬送から遺骨の供養まで
DIY葬儀ハンドブック
松本祐貴 著／四六変形判／176頁
個人で行うDIY葬儀とは？ 通常のお葬式でも使える役立つ情報なども豊富に掲載。
電子書籍
本体1540円

専門医に学ぶ長生き猫ダイエット
電子書籍
横井愼一 監修／四六判／160頁
長生き猫になるためのダイエット方法を専門医が教えます。
オールカラー
本体1540円

本のある空間で世界を広げる
図書館さんぽ
図書館さんぽ研究会 著／A5判／144頁
「お気に入りの図書館」を見つけるためのガイドになる1冊。週末のお出かけや旅先にも。
オールカラー

本体1540円

48手ヨガ　江戸遊女に学ぶ女性ホルモンと体力活性法
鈴木まり 著／四六判／184頁
春画で見たあのポーズ、ヨガで試してみたら凄かった!! ストレス・加齢で低下したホルモン分泌を劇的に活性化。
電子書籍

本体1485円
10刷

汁かけごはん
田内しょうこ 著／A5判／112頁
あったか煮物から、冷たい汁ものまで。『ごはんに汁ごとかけるとおいしい！』レシピ集。
オールカラー

本体1650円

僕が恋した日本茶のこと　青い目の日本茶伝道師、オスカル
ブレケル・オスカル 著／四六判／180頁
テレビや雑誌への露出で話題のスウェーデン人日本茶伝道師の初著書！日本の魅力を再発見。
電子書籍
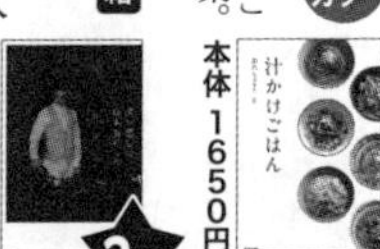
本体1650円
2刷

ゆるくて可愛い、粟岳ワールド

ぬむもさんとんぽぬくん2
粟岳高弘 著／B6判／256頁
「ぬむも」さんと「んぽぬ」くんが帰ってくる！待望のゆるカワSF第2弾！
電子書籍
本体1018円

たぶん惑星　愛蔵版
粟岳高弘 著／B6判／320頁
昭和64年「夏」、ありえないはずのその年に、とある惑星で何かが起きる!?傑作SF愛蔵版！
電子書籍
本体1210円

ぬむもさんとんぽぬくん
粟岳高弘 著／B6判／256頁
ゆるくてかわいい宇宙人「ぬむも」さんと「んぽぬ」くん。SF連作を1冊に！
電子書籍
本体1018円

取水塔
粟岳高弘 著／B6判／336頁
「この町は、なんか変だ。」待望の長編SF単行本化！美少女たちと異星人がコンタクト!?
電子書籍
本体1210円
2刷

鈴木式電磁気的国土拡張機増補版
粟岳高弘 著／B6判／256頁
「昭和的美少女SF」という新世界！描き下ろし短編と未収録作品を加えた永久保存版！
電子書籍

本体1018円
2刷

いないときに来る列車
粟岳高弘 著／B6判／256頁
どこか懐かしくて新しい傑作SF。鬼才・粟岳高弘の作品集!!
電子書籍

本体1018円
2刷

占い

人気！ 伊泉 龍一の占いシリーズ　ルノルマンカード付き！

ルノルマン・カードの世界
伊泉龍一、桜野カレン 著
A5変判・箱入り／194頁
的中率の高さで、人気上昇中のカード占い。基礎から実践まで段階的に学べる！
本体 3740円　3刷

ラーニング・ザ・タロット
ジョアン・バニング 著、伊泉龍一 訳／A5判／396頁
アメリカでベストセラーのタロット入門書を西洋占術研究の第一人者、伊泉龍一が翻訳！
本体 3520円　11刷

リーディング・ザ・タロット
伊泉龍一、ジューン澁澤 著／A5判／308頁
22枚のカードの世界が「囚われ」たあなたの自己を「解放」する――
本体 3520円　4刷

数秘術の世界
伊泉龍一、早田みず紀 著／A5判／304頁
数秘術の歴史からメッセージの導き方まで網羅。初心者から熟練者まで楽しめる。
本体 2640円　8刷

数秘術　完全マスターガイド
伊泉龍一、斎木サヤカ 著／A5判／497頁
自分自身の内に秘められた『数』のメッセージをあなたは意識する――
本体 3960円　9刷

西洋手相術の世界
伊泉龍一、ジューン澁澤 著／A5判／379頁
『手』に宿された星々の言葉。西洋手相術のルーツを本格的に解明した決定版。
本体 3080円　4刷

音楽

JACO ジャコ・パストリアス写真集
内山繁 著・写真／A5判／144頁
天才ベース・プレイヤー　ジャコ・パストリアスの素顔に迫る写真集。貴重なオフショットが満載。
本体 2200円

スリー・ブラインド・マイス コンプリート・ディスクガイド
小川隆夫 著／A5判／304+口絵20頁
TBM誕生から終焉までのストーリーを紹介するとともに、全てのオリジナルアルバムを徹底解説。
本体 2970円

シナトラ・コンプリート
三具保夫 著／B5判／288頁
フランク・シナトラのオリジナル・アルバムを、シナトラの世界的オーソリティー・三具保夫が徹底解説！
本体 6050円

証言で綴る日本のジャズ
小川隆夫 著／A5判／544頁
InterFM『Jazz Conversation』でのインタビュー中心。日本のジャズ史について27名の貴重な証言集。
本体 5720円

証言で綴る日本のジャズ2
小川隆夫 著／A5判／540頁
「証言で綴る日本のジャズ」待望の続編！日本の戦後ポピュラー音楽史を知るための必読書！
本体 5720円

かなわぬ恋の構造
井上弘治 著／四六判／272頁

詩人でもあり、経営者でもある著者が70年代から90年代に書き継いだ評論・エッセイ集。
本体 2200円

新刊＆話題書

最新刊

日本各地にひっそりと遺る「神々のおわす場所」。日常から離れ、いざ奇跡の神域へ。

異界神社 ～ニッポンの奥宮～

本田不二雄 著／A5変形／214頁

神仏探偵でもある著者が、神々のスイートスポットを探索し、魂を震わすヴィジュアルで、私たち日本人の深層に眠っているカミの記憶を呼び覚ましてくれます。本書に紹介されている、日本各地の絶景と言える神社は、この世のものと思えぬ雰囲気を醸し出します。神域へ、見る者を導いてくれる一冊。

本体1980円

西島大介の傑作ファンタジー『世界の終わりの魔法使い』シリーズが、全6巻の「完全版」として蘇る！

新刊

世界の終わりの魔法使い 完全版３ 影の子どもたち

西島大介 著／A5判／256頁

1000年ぶりに帰還した故郷は魔物たちが支配する星になっていた！　アンとムギの「最後の冒険」が始まる！うれしい描き下ろし短編収録。作品世界がより詳しく理解できる「魔法星団史」や地図、キャラクターの対談なども収録！

本体1760円

「漫画」と「うるし」という異質な世界をホリゾンタルに歩む、堀 道広。そのおかしみのルーツを仕事と生活から探る、ファン必見の一冊！

新刊

うるしと漫画とワタシ ～そのホリゾンタルな仕事～

堀 道広 著、野村美丘 編集／A5判／128頁

『おれは短大出』が各方面に衝撃を与えた漫画家で、うるし作家の堀 道広。ふたつの世界をホリゾンタルに歩む堀ワールドの秘密を、その仕事と生活から探る。100%「堀マガジン」！多幸感あふれる、

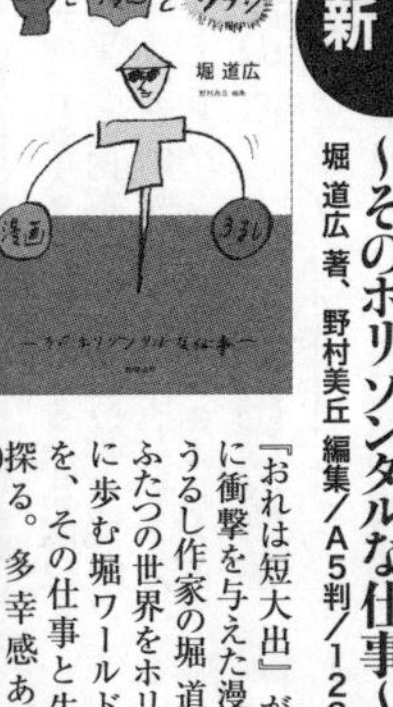

本体1980円

ホラリー占星術 入門と実践

アンソニー・ルイス 著、鏡リュウジ監修訳／A5判／480頁

鏡リュウジ氏が厳選した1冊をみずから監修訳！さまざまな技法をたくさんの事例とともに、詳しく解説。

本体4180円

マカロンタロットで学ぶタロット占い

タロットカード付き！

加藤マカロン 著、ラクシュミー 監修／A5変判・箱入り／240頁

描き下ろし漫画付きでわかりやすい！簡単なのに本格的なタロット占い入門書。

本体3025円　5刷

音楽

高田渡に会いに行く

なぎら健壱 著／四六判／336頁

これまで語られてこなかった、家族や仲間たちだけが知る、高田渡のほんとうの姿に迫る。

本体2750円

新版 ぼくとジムランの酒とバラの日々

菅原正二 著／四六判／330頁

伝説のジャズ喫茶「ベイシー」店主・菅原正二の〝原点〟とも言える名著が復活

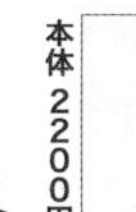

本体2200円

テイキング・ストック ぼくがどうしても手放せない21世紀の愛聴盤

ピーター・バラカン 著／四六判／144頁　電子書籍

2000年以降に発売されたアルバムの中から、「どうしても手放せない究極の52枚」をオールカラーで紹介。

本体1870円　3刷

生活が踊る歌 TBSラジオ『ジェーン・スー 生活は踊る』音楽コラム傑作選

高橋芳朗 著／四六判／214頁　電子書籍

TBSラジオの人気番組『ジェーン・スー 生活は踊る』の音楽請負人、高橋芳朗の初書籍！

本体1650円　2刷

文芸

フライデー・ブラック

第七回 日本翻訳大賞 最終選考対象作品

ナナ・クワメ・アジェイ＝ブレニヤー 著　押野素子 訳／四六変形判／328頁　電子書籍

差別と暴力と欲にまみれた世界をシュールに描く。

本体2420円　2刷

猫のいる風景

山城隆一 生誕100周年記念出版

山城隆一 絵と文／A5判／256頁

詩人の魂を持つ稀有なデザイナーが描いた「詩になる猫たち」との愛おしい日々。彼の愛猫たちの作品、約200点とエッセイを収録。

本体3520円

抗う 時代小説と今ここにある「戦争」

高橋敏夫 著／四六判／304頁　電子書籍

時代小説は、安定した「過去」にのみひらかれたノスタルジックで保守的な物語ではない。気鋭の文芸評論家による、新・時代小説評論集。

本体1760円

共犯者 編集者のたくらみ

芝田暁 著／四六判／328頁　電子書籍

編集者、出版人、書店人、必読！伝説の文芸編集者が語る「編集のすべて」

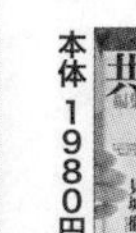

本体1980円

愛国奴

古谷経衡 著／四六判／400頁　電子書籍

気鋭の若手評論家書き下ろし！知的下流社会に響く、ネトウヨ狂想曲。あなたの知らない「保守」の世界。

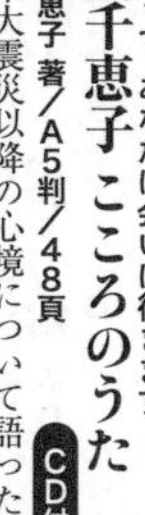

本体1980円

倍賞千恵子 こころのうた 風になって、あなたに会いに行きます

倍賞千恵子 著／A5判／48頁　CD付き

東日本大震災以降の心境について語った初めての書籍。抒情歌の名曲12曲に、朗読を新録。

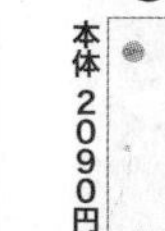

本体2090円

ノンフィクション

探偵はここにいる
森 秀治 著／四六判／352頁

九人の探偵たちが語る、実際の現場で起きているノンフィクション。

電子書籍

本体1650円

原発亡国論
木村俊雄 著／四六判／160頁

もう一度、思い出してほしい。原発事故の一報を耳にしたときに、あなたが感じた恐怖を。

電子書籍

本体1540円

ナイツ午前九時の時事漫才
TBSラジオ『土曜ワイドラジオTOKYO ナイツのちゃきちゃき大放送』編／四六判／352頁

土曜朝の人気番組『ナイツのちゃきちゃき大放送』名物のオープニング漫才が本になった！

本体1760円

2刷

高田馬場アンダーグラウンド
本橋信宏 著／四六判／336頁

「東京の異界シリーズ」最新刊！ 早稲田大学のお膝元の街には、多くの秘密が埋まっている。

電子書籍

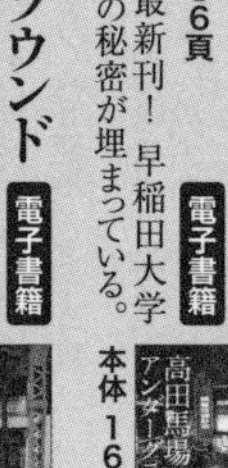

本体1650円

新橋アンダーグラウンド
本橋信宏 著／四六判／336頁

ガード下、闇市跡、花街の名残。昭和香る"オヤジたちの楽園"に潜入！

電子書籍

本体1650円

上野アンダーグラウンド
本橋信宏 著／四六判／336頁

横丁、路地裏、色街跡。昭和の怪しさを訪ね歩く。上野の不思議な魅力を徹底取材。

電子書籍

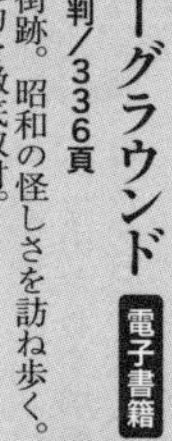

本体1650円

3刷

男を買ってみた。～癒やしのメソッド～
鈴木セイ子 著／四六変形判／212頁

誰も読んだことのなかった、女性のための風俗ノンフィクション。

電子書籍

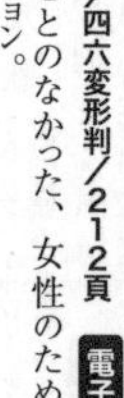
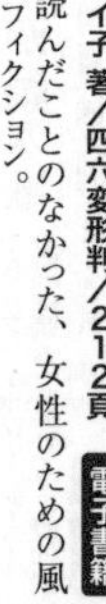

本体1430円

巨人の箱庭 平壌ワンダーランド
荒巻正行 著／A5判／272頁

「都市論」という具体から北朝鮮を捉えていく、独自のアプローチによる一冊！

電子書籍

オールカラー

本体2750円

脱北者たち 北朝鮮から亡命、ビジネスで大成功、奇跡の物語
申美花（シン ミファ）著／四六判／276頁

命がけで北朝鮮から脱北し、さまざまな困難を克服してビジネスで成功した人々の実像に迫る。

本体1760円

オレンジ・イズ・ニュー・ブラック 女子刑務所での13カ月
パイパー・カーマン 著、村井理子・安達眞弓 訳／四六判／448頁

インテリお嬢様がある日突然、受刑者に！ 笑って泣いて共感して、ドラマよりもリアルな獄中記。

電子書籍

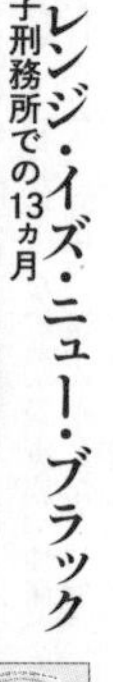

本体1980円

デリヘルドライバー
東良美季 著／四六判／280頁

男たちの欲望と女たちの切ない想い。その隙間を埋めるため、彼らは今日も走る

電子書籍

本体1650円

ぶらナポ 究極のナポリタンを求めて
下関マグロ 著／A5判／144頁

B級グルメライター、町中華探検隊・下関マグロのナポリタン食べ歩き録。

オールカラー

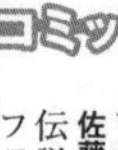
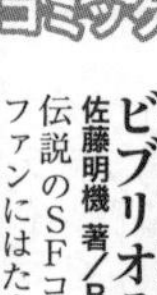

本体1540円

映画

小栗康平コレクション 全6巻
前田英樹（立教大学教授）による作品解説と小栗康平×前田英樹による対談を収録

小栗康平、前田英樹 著／四六判・スリーブケース入 各64～68頁

本体 ❶～❺ 各4070円

❶ **泥の河** DVDブック

日本映画界が誇る名匠・小栗康平の不朽の名作。

❷ **伽倻子のために** DVDブック

レンタル化すら一度もされていない、まさに〈幻の名作〉。

❸ **死の棘** DVDブック

カンヌ国際映画祭グランプリ、国際批評家連盟賞受賞作！

❹ **眠る男** DVDブック

群馬県人口200万人到達記念映画。オリジナル脚本による名作。

❺ **埋もれ木** DVDブック

オリジナル脚本による第58回カンヌ国際映画祭特別上映作品。

別巻 FOUJITA Blu-rayブック

別巻 6050円

最新作（2015年公開）をシリーズ［別巻］として発売。

コミック

世界の終わりの魔法使い 完全版2 恋におちた悪魔
西島大介 著／A5判／208頁

人類対魔法使いの最終戦争のさなか、落ちこぼれの少年と魔法使いの少女が出会い⁉

本体1650円

世界の終わりの魔法使い 完全版1 すべての始まり
西島大介 著／A5判／208頁

傑作ファンタジー『世界の終わりの魔法使い』シリーズが、全6巻の「完全版」として蘇る！

本体1650円

物質たちの夢
八木ナガハル 著／A5判／208頁

宇宙と世界の秘密に迫るSFの数々を収録。八木ナガハルのSF作品集第3弾！

電子書籍

本体1155円

惑星の影さすとき
八木ナガハル 著／A5判／224頁

宇宙の謎に迫るハードSF＋美少女。鬼才・八木ナガハル、待望の第2作品集！

電子書籍

本体1155円

無限大の日々
八木ナガハル 著／A5判／192頁

漫画でしか表現できないSFのかたちがここにある。傑作SF短編8本収録！

電子書籍

本体1078円

3刷

パラダイスバード・クロニクル
佐藤明機 著／A5判／146頁

SF漫画の鬼才が贈る描き下ろしコミックス。異星に入植した新しい人類たちの物語!!

電子書籍

本体1018円

楽園通信社綺談 ビブリオテーク・リヴ
佐藤明機 著／B6判／388頁

伝説のSFコミック2作を復刻&合本化！ファンにはたまらないコレクターズアイテム。

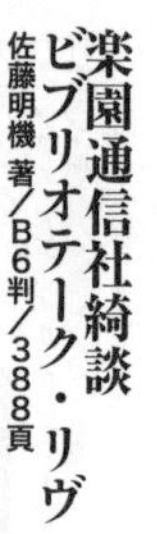

本体1320円

2刷

生活風景がある町並み、
まちとして生きている。

熊谷家家財道具
の調査および展
示を主導された
小泉和子先生。

この岩山の階段を昇っていくと、
大森代官所の祈願寺であった観世音寺がある。

銀山川にかかる石橋、
明治期のものといわれる。

世界文化遺産・石見銀山の構成要素である鞆ヶ浦（上）と温泉津の町並み（右）。往時は銀の積み出し港として繁栄した。

大森で開催された全国人並み会で。左より、黒木さん、佐藤さん、林さん、小林さん。

徳島県／美馬市脇町南町　商家町

原強

町の衆の声を聴くのは角打ち

吉野川沿いには、うだつのある町並みが多い。上流の三好市池田から始まり、素麺で知られるつるぎ町半田、剣山信仰の在郷町であるつるぎ町貞光、そして阿波藍で繁栄した美馬市脇町と並ぶ。「吉野川うだつライン」と親しみを込めて呼ばれているのも頷ける。これらの町並みを巡れば、うだつがあがること間違いない。なかでも、うだつをあげた町家がずらりと並ぶ脇町は、阿波藍の集散地であり吉野川舟運の拠点として栄えた町である。良好な歴史的環境が保たれていることから、重伝建地区になった。その立役者が原強さんである。

「とっておきの場所へ案内したい」と、穴吹駅前でお会いした原さんのテンションがあがっている。車で吉野川沿いを走り、たどり着いたその場所は、脇町の南町重伝建地区のとば口にある伝統的町家だった。酒屋とも土産物屋ともつかない店先で、ご婦人が笑顔で迎えてくれた。そして「こん人のおかげで町がようなった」と、原さんを指さした。

それに呼応するように、薄暗い店の奥から「そうじゃそうじゃ」と男たちの声。声の主

「町のことなら何でも来い」と、ご教示頂いた大先輩たちのたまり場は、正木商店の通り土間の奥だ。

は、年配の男衆。火鉢を囲んで男たちが数人、酒を酌み交わしている。まだお天道様がてっぺんに輝く真っ昼間である。ここは、正真正銘の角打ちなのだ。お店の名前は「正木酒店」。なんだか愛すべき光景に触れてホッとした。すると原さん、「ここでみんなに助けられて、今があります」と、ぼくの顔を見た。「はよ、入れ」と男衆は手招きするが、原さんは「まずは町並み案内じゃ」と、みなさんにぼくを紹介するやいなや、すぐさままち歩きを始めた。

原さんは、町並み保存の担当になった30代の頃、右も左も全く分からなかった。先輩から託された重伝建地区の仕事は、まさに腫物にさわるような気持ち。原さんは、事あるごとに正木酒店を訪れ、通り庭の奥にある火鉢に陣取っている男衆の懐に飛び込んでいった。原さんよりもずっと年配で、人生の大先輩ばかりだ。当時みなさんはバリバリの現役で、大工、畳屋、魚屋などさまざまな地元の職人や商人たち。最初はぎこちなかったが、酒を介してしだいに打ち解けた。なにもかもさらけ出し、男衆を介して、保存地区に住まうみなさんの声を直接聞くことが、原さんにとって何よりの糧になっていった。この酒場は、まさに原さんのホームグラウンドなのである。

あだ名は「サムライ原」

原さんが、役場の職員になったのは30歳。まず産業振興課に配属された。その後、教育委員会に異動。ちょうど奈良文化財研究所による町並み保存対策調査が終了した昭和62年（1987）に町並み保存の担当になり、このまとめを前任者の岩本さんから引き継いだ。先輩の急な異動によるとばっちりで、いわば尻ぬぐいのような状態だった。しかし、右も

うだつが連続する重厚な町並み。

左も重伝建地区も何も知らない、そんな状態で関わったこの仕事のおかげで、かえって町のことがよく理解できたそうだ。

この調査の成果は、重伝建地区への礎となった。これを受けすぐに、町並み保存条例の作成を始めた。奈良文化財研究所の山岸先生のご指導を受けながら、図書館に泊まり込んで条例づくりに励んだのだ。

初めての仕事であり、なかなか前に進まなかったことを、いまも思い出す。四国内の他の保存地区である内子の町並み（愛媛県内子町）や、塩飽本島笠島地区（香川県丸亀市）の保存条例を参考にしたが、どうもしっくりこない。理由は、阿波の都として栄えた脇町と、これらの町並みは性格が異なる点であった。むしろ都会の重伝建地区である神戸市や函館市の条例が参考になるのではないか?そう思い、担当者に事情を話して関係資料を取り寄せたところ、予想通り大いに役に立ったそうだ。たしかに脇町は、交通の要衝で人口も多く、阿波の経済・文化の中心地であった。

また、調べても分からないようなことは、徳島県文化財課に相談をした。ところが、徳島県内で初めての重伝建地区でもあり、県補助金の取り扱いで議論になった。そこで直接、文化庁に相談した。すると徳島県文化財課長から、県を飛び越えたと怒られてしまった。黙っていられない性格の原さんは反論。事がエスカレートして喧嘩になった。これを知った脇町の教育長から、またまた怒られた。ここでも喧嘩がはじまった。まっしぐらに突き進む原さんの意気込みに、ついていけない輩からの反発は大きかったのだ。しばらく町に不穏な空気が流れたが、脇町の町並み保存会会長や副会長が一席設けてくれて、原さんは教育長と仲直りが出来たそうだ。でもこれが、原流のやり方なのだ。大事なのは「情熱」と、原さんは胸を張った。

とにかく原さんは人気者。まちを歩くと随所で声がかかる。

町の人気者

さて、原さんとまち歩きを始めた。観光客が多い。うだつの町並みは、人気だ。最近は、お店も増えた。町並みが観光資源となって、地域に活力をもたらしている様子は明解である。暖かい春の陽気のせいか、地元のみなさんが通りに出て町家の前で集い、話をしている光景が何度か目にとまった。町のみなさんが原さんを見つける度に「やあ、原さん。元気か?」との声が飛んでくる。なかには「この人が町をよくしてくれた」と、原さんの手を取るお年寄りまでおられる。原さんが町を歩いていると、人が寄って来る。原さんは、人気者。いや、住民のみなさんとの信頼関係は、相当なものと見て取れた。それは原さんが、脇町の重伝建地区で、いかに汗を流して町並み保存に尽力されたかという証なのである。

今日、脇町は町家などの伝統的建造物の修理が進み、山々を背景にした美しい町並み景観が展開していて、訪れるみなさんの目を楽しませてくれている。「この格子は、昔のものを蔵のなかから見つけ出し、取り付けました」、「この蔀戸の復元には、手間がかかりました」と、原さんの激戦跡を辿るまち歩きは楽しい。原語録によれば「現場は、毎日」、土日はないそうだ。現場があれば毎朝、出勤途中に町をウロウロするのが日課だ。

重伝建地区になったからこそ町並みが整備され、かつての脇町の繁栄の姿が甦ってきている。しかし、重伝建地区への道のりは険しかった。住民の合意形成ばかりではなく、町議会の協力が必要となったからだ。町議会の先生方に重伝建地区とはそもそも何か?を、一から説明を始めるのである。現地視察では、「こんな潰れている建物をどうするのか?」「残して何になるのか?」など、一斉に原さんに矢が飛んできた。そのたびに「これが脇町の現実です」だから「脇町の顔として整備したい」と、矢継ぎ早に答えた。そういう場を積み重ねるなかで、議員の理解をしだいに得ていったのである。いま見事に整備された町並み景観から、いろいろな出来事が読み取れるのだ。

風にのって香ばしい匂いが漂ってきた。田楽だ。横倉生活改善グループの人気店である。「連中に買って帰り、一杯やりましょう」と原さん。早くも一献タイムの兆しである。味噌を塗りつけた里芋、こんにゃく、豆腐の田楽は、たしかに旨そう。まち歩きはほどほどにして、男衆がたむろしている酒場「正木酒店」に戻ることにした。

初めての修理事業は「正木酒店」

10年間にわたる重伝建地区の担当で、原さんが最初に修理事業に携わったのが「正木酒店」だった。「正木酒店」は、１８００年頃（寛政12年の棟札）の伝統的建造物。修理することが決まったら、爺、婆、父、母、もう一家で大喜び。外観はもちろん、柱や梁などの軸部まで修理をおこなうのだ。約１９０年ぶりの修理、経費は約１４００万円。とくに大黒柱のような太い柱を取り換えるのは一苦労だった。内藤さんという地元の大工さんが、

日課として通りを眺める正木商店のご主人。
後ろ姿がカッコイイ!

真剣勝負で挑んだそうだ。「この柱よ」と自慢げに指さすのは、正木文子さん。この店の奥様だ。奥に陣取る酒好きの男衆の面倒をみてくれるマドンナで、脇町のボランティアガイドもしておられる。そのガイドの解説が評判で、四国では有名人である。

酒場の仲間に囲まれ、田楽を肴に三好市の地酒「芳水」をいただく。原さんは絶好調。この酒場の仲間が、町並み保存の陰の立役者でもある。原さんの悩みをいつもクリアにしてくれた恩人たちなのだ。役場だけで解決できないことが、町並み保存ではたくさんある。町には陰の権力者もおられることを、原さんは実感したという。重伝建地区になったこと

脇町のマドンナ・正木文子さんとともに。

の結果として、脇町がうだつの町として全国的に注目されつつある。しかし「町並み保存の主役は、観光客でも行政でもない。日々の生活をとおして市民が主役になってこそ、町が本物になると確信している」と原さんは語ってくれた。

平成8年（1996）に公開の映画「虹をつかむ男」の舞台に脇町が選ばれた。まちづくりの一環として、原さんはこの映画にもろ手を挙げて協力。映画関係者は、脇町を絶賛した。それは、市民が歴史文化を大切にして、元気で活力あるまちづくりをおこなっている姿に、彼らが感動したからにほかならない。

いつも笑顔を絶やさない原さんこそ、脇

町活性化の核となり、重伝建地区を盛り立てた「虹をつかむ男」だと思った。

（取材　2017年）

映画「虹をつかむ男」のロケ地として有名になったオデオン座。

脇道を入ると、生活の香りがいちだんと濃くなる。

釣瓶井戸は共同の水場であった。

修理に苦労した柱を愛でる原さん。

1792年に創業した藍商・吉田家の外観と内部。脇町で一二を争った豪商という。

春になると町家の店の間を開放して、雛見が盛んである。店の間、通り庭、町家の内部が良く分かる。

妹尾正白（せのおまさしろ）

北海道／函館市元町末広町　港町

初乗りの北海道新幹線で

「待ち合わせは、まちづくりセンターで」と、電話の向こうから妹尾さんの元気な声が聞こえてきた。函館行きは、開業したばかりの北海道新幹線の初乗りと決めた。バタバタと横浜駅でシウマイ弁当とお土産の月餅を仕入れ、東海道線に乗車。運悪く毎度の遅れに当たり、東京駅延着。かっ跳びで東北新幹線ホームへ。発車間際の「はやぶさ」号に飛び乗った。セーフ。

余談だがシウマイ弁当は、人生の友のような存在。だから定期的に買っている。いや食っている。本場の横浜駅でなくても、東京駅などでも買える。だが、東京駅等で販売されているのは東京工場製。横浜で歴史的資産を生かしたまちづくりを推進している宮村忠先生（関東学院大名誉教授）から、「俺ん家の裏で作っている」とご教示いただいた。場所は江東区大島である。

横浜製も東京製も、シウマイ5個、まぐろ照り焼き、厚焼き玉子、蒲鉾などの中身は同じで、盛り付けも一緒。ただ、パッケージが違う。東京製は、お馴染みの龍を描いた弁当箱を透明のセロハンで包んでいるのだが、横浜製は、同じ龍を描いた掛け紙で経木の蓋を覆い、それを二色縞の細ひもで十文字に結んでいる。ようするに、ひもで結わくという昔ながらの所作が生きているのである。そのために年季の入った職人がいまも活躍中と、知人から聞いてびっくり。それゆえ同じ内容・同じ値段でも、横浜製は人の温かさを感じる仕上がりが魅力的。だからシウマイ弁当は、横浜での購入が定番なのだ。

最新の北海道新幹線「はやぶさ」のシートにおさまり、昔ながらのスタイルのシウマイ弁当を食う。するとそこは、いつしか学生時代の思い出を呼び起こしてくれるタイムマシーンになっていた。そう、蒸気機関車を撮影するために、たびたび北海道に出かけたときのことだ。夜行急行列車の薄暗い四人掛けシート、岩手山の雄姿、青函連絡船の賑わい、津軽海峡の荒波、霧に霞む函館山など、箸を進めるたびにつぎつぎに情景が浮かんでくる。とにかく、鉄道の進歩は著しい。いまは津軽海峡をトンネルで走り抜け、なんと4時間ちょっとで新函館北斗駅に到着した。

建造物担当を志願

待ち合わせ場所の函館市地域交流まちづくりセンターへは、函館駅前から市電に乗った。どういうわけか歴史の町を自負している街には、決まって路面電車が健在だ。函館と同じ開港都市である長崎のほか、熊本、松山、広島、岡山、高岡、富山、札幌しかりだ。歴史の町に、路面電車はよく似合う。

10分ほどの乗車で、十字街停留所に到着。交差点の向こうに、堂々たる近代建築が鎮座している。函館市地域交流まちづくりセンターだ。十字街界隈のランドマークのようなこの建物は、昭和5年（１９３０）竣工の百貨店、旧丸井今井デパート。一度は解体の危機にあったが、函館市が英断、市民の宝として取得し保存したのだ。全国でも稀な事例として注目されている。

デパート時代そのままの大きなガラスの入ったドアを開けると、妹尾さんがソファーに座っていた。久しぶりの再会は、笑顔での握手で始まった。最近お会いした全国人並み会のみなさんの近況をお伝えすると大喜び。すぐさま取材に応じてくれた。

函館市は、旧丸井今井デパートを保存のために購入。現在は、地域交流まちづくりセンターとして活用されている。

妹尾さんが函館市役所に入ったのは昭和53年（１９７８）、当時の教育委員会体育課に配属された。２年後の昭和55年（１９８０）に社会教育課文化財係に転配となった。この転配が函館市元町末広町の重伝建地区への足掛かりとなるのである。そのとき文化財係の職員は３名。上司から「おまえ、埋蔵文化財、史跡、建造物のどれをやりたい?」と聞かれた。文化財は、なじみのない世界。埋文や史跡は、何を意味しているのかも全く分からなかったが、建造物なら「家を直す延長上にあるようなもの」と勝手に解釈し、消去法の結果、建造物担当の志願兵となった。

ちょうど、函館市政60周年事業の年にあ

西部地区のランドマークである旧函館区公会堂（国重要文化財）。

たり、文化財建造物の修理事業が盛り込まれていた。対象は、すでに国重要文化財に指定されていた旧函館区公会堂のほか、近くにある旧北海道庁函館支庁庁舎、旧開拓使の書籍庫の3棟の建物であった。文化庁から約3億円の補助金が降り、公会堂は重文だけに文化財建造物技術保存協会（以下、文建協）が修理を担当していた。修理の打ち合わせが頻繁におこなわれ、担当の妹尾さんは、修理設計書を読む機会が多くなった。しかし、駆け出しで素人。読んでも内容が分からない。毎晩、家に持って帰って読んでも、ぜんぜん分からない。藁をも掴む思いで、手あたりしだいにいろんな人に聞いて回った。窮地に追い込まれた妹尾さんは、これがきっかけで「市役所での仕事の進め方や、人脈のたいせつさを認識した」と振り返る。

しかし、物事は順調には運ばない。建物の仕上げを巡って文建協と市建築課との板挟みになったこともしばしばあった。「おまえがちゃんとせんからダメなんだ」と、市建築課の担当から怒鳴られた。調整能力不足だった。でもそんなことではへこたれない。どんと頭を叩かれるような出来事は、そのあとにやってきた。

それは、市長からの指示だった。公会堂は修理後に集会室や貸し館とする方針で進んでいたのだが、ある日突然「観覧施設として公開」と、方針が大転換したからたいへん。開館一か月前のことだった。什器、椅子ほか、さまざまなものがすでに発注済みだった。妹尾さんは、梯子を外された状態となった。しかし、「苦労は買ってでもしろ」の教訓どおり、ブレることなく、気を取り直して一気に前進した。これまでに培った人脈や、持ち前の粘り腰で難関を突破。期限どおり公開に間に合わせた。見事に復元された公会堂を目にして、「なんとかなった」と安堵したそうだ。

景観形成区域を設ける

この業績が認められたのか、妹尾さんは都市建設部局に異動し、昭和61年（１９８６）から62年（１９８７）まで景観保存対策事務局に配属になった。都市計画の担当者と二人で函館市の景観条例を作成し、景観形成区域を設ける仕事に携わるのである。函館市は、木戸浦市長の肝いりで、すでに昭和57年～58年（１９８２～１９８３）の2年間に文化庁の補助を受けて、西部地区末広町元町地区の伝統的建造物群保存対策調査を実施していた。この結果をふまえ、神戸市のように景観形成区域のなかに核として伝建地区を据え、その周りをバッファゾーンと位置づける計画であった。これを適用する景観保全対象地域は、函館市西部の末広町元町地区を含む10地区。函館らしい景観を生かしたまちづくりが基本にあった。

対象地区の住民に、毎晩説明会を開催した。場所は、町内会館。丁寧に制度や仕組みを説明するのであるが、なかなかご理解を得られない。ある時、景観形成区域の噂を聞いて、筋の良くない不動産屋が酒を飲んで怒鳴り込んできた。「景観保存なんて反対だ」と騒い

伝統的建造物のプレートは、神戸市と同じデザインである。

だのだ。新聞記事によると自分の家が対象地区に入っており、それでは「商売用の高い建物が建てられないのでは?」というのが理由だった。

説明会の場は大騒ぎになり、混乱のうちに終了。その後、その不動産屋から妹尾さんに、「事務所に来い」と電話があった。妹尾さんは、恐る恐る出向いた。予想通り「とんでもない条例だ」と不動産屋は切り出した。妹尾さんも負けてはいない。「ノスタルジーのためではなく、函館の特色を生かしたまちづくりをするために、西部地区をその拠点にしたい。街の活性化のためです」と言い切った。すると不動産屋は、ますます激怒した。

大三坂より函館山を望む。西部地区を象徴する景観である。

それでも妹尾さんはひるまず、函館の魅力をいかに高めるかという考えを、市民の目線に立って訴え続けた。「市民と役所が一緒になって、函館らしさを守りたい」のだと。熱弁を振るい過ぎて、声がかすれ喉も渇いた。すると、不動産屋は、なんと冷たいコーラを差し出してくれたのだ。真剣に訴える妹尾さんの姿に、心を打たれたのだ。

その後も地元説明会は、頻繁に開催された。しかし、住民のみなさんは、なかなか首を縦にふらない。その時だった。その不動産屋が立ちあがって「何で反対している。早くやれ」と発言。会場は、どよめきに包まれた。

妹尾さんは、「このときほど、うれしかったことはなかった」と目に涙を浮かべた。不動産屋は解ってくれたのだ。こうやって、晴れて末広町元町は景観保存地区になった。この機をとらえ函館市は、末広町元町の伝建地区指定に踏み切ったのだ。

体を張って伝建地区の鮮度を保つ

函館市は、いち早く西部地区の末広町元町を景観保存区域に指定し、函館らしいまちづくりを推進してきた。まず函館市指定の伝建地区への道は、自ずと敷かれていたといってよい。対象地域を定め、景観条例を作り、これを運用する。景観行政のなかに、伝建を組み込む仕掛けが出来あがった。伝建地区を担当するのは、もちろん妹尾さんだ。その後、国の重伝建地区に選定されている。仕掛けたら最後までケツをふく。これぞ男。日向市・黒木久遠さんの黒木節ではないが、男気なくして重伝建地区を引っ張ってはいけないのだ。

そんな思いから妹尾さんは、人の縁を大事にしてきた。文化財係に配属になって間もない頃から自分を育ててくれた上司の佐藤課長が、退職時に言われた言葉が忘れられないという。「いろいろ応援してくれてありがとう。どうしても逃げたくなるようなことがあっても、仕事は正面から向きあって取り組め」である。ただでさえ、重伝建地区の維持は難しい。景観行政のなかに重伝建地区を位置づけている以上、住民の目は厳しい。苦しいときこそ、佐藤課長の言葉が身に染みた。そんな励みをもって、重伝建地区の新鮮度を保っているのだ。

建築畑出身の越野係長が新たに赴任されたときは、考えが合わなくて困ると思う時期もあった。もちろん、そう思っても組織だから仕方がない。ところが2年目に入って、だんだん係長のよさが分かってきた。それは、重伝建地区の住民のみなさんへの御用聞きを始めた頃だった。住民の方々の話を直接聞く機会が増えると、所有者のみなさんから伝統的建造物の修理・修景などについて、たくさんのリクエストや相談事があることが分かってきた。それを係長と一緒にひとつひとつ話を聞きに歩き、図面を引くなど解決の糸口を見つけていったのだ。そのなかで自ずと、住民のみなさんとの信頼関係が生まれた。手ごたえを感じた瞬間である。「重伝建とは、住民と行政の距離が近くなる制度、いや近くなければ成功しない制度」と、妹尾さんは感じたそうだ。それは、越野係長と二人三脚で仕事

妹尾さんの激戦地「茶屋亭」。前面の町家は保存されたが、奥にあった和館がホテルに建て替えられた。

が進みだして分かった成果なのだ。

そうはいっても、この距離がなかなか縮まらない、そういうこともちろんあった。末広町の角地にある海産商の伝統的な町家のお話である。妹尾さんは、これを「茶屋亭事件」と名付けた。真相は、こうだ。負債を抱えた建造物の所有者が、いったん市の斡旋で保存に理解のある買い手を探すことに同意したのだが、その後に札幌の不動産会社に札びらを切られ高価で売ってしまったのだ。

市は保存の方向で説得にまわったが、「観光地だから古い建物を壊して新築する」と、不動産会社は真っ向から抵抗してきた。ちょうど角地、しかも意匠の優れた函館らしい町家だから、壊されたら景観破壊の極みであり、断じて許せない。そこで函館の歴史的景観を大切にする市民団体である「元町倶楽部」の、会長の村岡武司さんや会員の太田誠一さんらが、昼夜を問わずテントで張り込みをした。妹尾さんら函館市の担当者は、教育長の命令のもと「文化財パトロール」と書かれた自動車を横づけし、泊まり込みもおこなった。市民と行政が一丸となった万全の監視体制は、長期にわたった。函館市を挙げての反対の意思表示であった。

ついに、不動産会社が折れた。ナンバー・ツーの役員から、「どうしたらいいのか?」と戸惑いの電話が入ったのだ。これに対して函館市は、本当は、和洋折衷の店部分と近代和風住宅である居住空間の両方を残したかったが、不動産会社の立場を尊重した形で、やむを得ず店部分のみを残す保全計画案を示した。

結局、不動産会社が市の熱意に理解を示して、この案で決着した。けれども結果としては、うなぎの寝床のような町家の、奥にある和館は壊されてホテルになってしまい、かろうじて前面部分だけが残った形である。

この一件だけではなく、ほかにも問題は多かった。とくに将来の新幹線函館開業を睨んで、新しいマンション計画が多数持ち上がり、「元町倶楽部」や市民の反対運動は活発化

大好きな「古希庵」の前でポーズ。
保存はできたが、複雑な思い出となった「古希庵」。

した。もし反対していなかったら、もっとたくさんのマンションが建設されたはずだという。いまある町の景観は、みなさんの激戦の結果なのである。函館の坂道から町を眺めながら、「景観は結果であり、手掛かりである」とおもわず呟いてしまった。

「それじゃ、もうひとつ」といって妹尾さんは、ぼくの手を引いた。

目の前には年季の入った町家が佇んでいる。「古稀庵」である。彼が苦労して保存を手掛けた料亭建築である。道を挟んで「茶屋亭」の反対側に、この「古稀庵」はある。この二つの歴史的建造物が、この界隈の歴史的景観の核になっている。そういえば、ここで旨い飯を食ったことを思い出した。

しかし、近年閉店してしまった。その理由は「私的な事だから」と、彼は言葉を濁した。苦労して所有者と信頼関係を築いて保存に至った建物だけに、思い入れは相当なもの。歴史的建造物は、けっきょくのところ所有者の意志によって保存に至っている。しかし、運悪くそれを長続きさせることができないこともあるのだ。たとえばそれが所有者の経済的な事情ということになってしまえば、行政はなかなかそこへは踏み込めない。限界もあるのだ。

そんな重苦しい会話からわれに返った妹尾さんは、「ここで写真を撮ってください」と、満面の笑顔。夕日に照らし出された笑顔は、値千金であった。

（取材　２０１８年）

地域交流まちづくりセンターの内部。元デパートであったという面影が残っている。

函館は酒も肴も旨い。重伝建の苦労は、これで吹き飛ばしてきた。

函館発祥の食・イベント「バル街」で賑わう様子。

函館の町家は一階が格子の入った和風、二階は上げ下げ窓を備えた洋風が特徴。ここスペイン料理店「ラ・コンチャ」のオーナーが「バル街」の発案者である。

坂のむこうに路面電車、函館らしい街路風景である。かつて奉行所が置かれていた函館の要、基坂界隈にて。

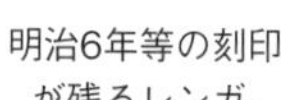

明治6年等の刻印が残るレンガ。

重伝建地区内の金森倉庫群と函館山。金森倉庫は、ショッピングモールになり賑わっている。

函館は坂のまち。坂道を下ると靄にかすむ函館湾、市民の生活風景が自然に溶け込んでいる。日和坂にて（上・左）。

雪化粧の函館ハリストス正教会。重伝建地区内にある。

長崎県／長崎市南山手・東山手　港町

柿森和年

再会

長崎駅前で手をふる柿森さんとは3年ぶり、笑顔の再会である。濃紺のコットンジャケットとチノパン。頭に洒落たハットが載っている。洋っぽい風貌が宣教師のような雰囲気を醸し出している。歳を重ね、いちだんとそれらしく見える。あいかわらずの笑顔で「26聖人フィリッポ教会に寄ってきた」といって、駅前に立ちはだかる山腹に聳え立つ尖塔を指す。朝方、故郷の五島列島の中五島にある奈留島港からフェリーにのり、約4時間かけて長崎港に着いたばかりなのである。

長崎市役所を退職後、彼は一大決心をした。それは、故郷の中五島に帰り、潜伏キリシタンの歴史と文化を伝え残す活動をはじめたのだ。そのための拠点「隠れキリシタンの里」の建設に、退職金をつぎこんだ。そう、彼は敬虔なクリスチャン。先祖は、奈留島の潜伏キリシタンである。そんな縁から「長崎の教会群」を世界文化遺産に登録する活動を長年続けてきた。

九州の世界文化遺産といえば、平成27年（2015）「明治日本の産業革命遺産」として、

南山手からの眺望。長崎は、いまもむかしも国際港である。

鹿児島、山口、静岡、岩手などの製鉄、石炭、造船関連遺産がまとめて登録された。しかし、彼の活動や周辺の動きから「長崎教会群の方が先じゃないのか？」と疑問を感じていた。だから再会の挨拶のなかで「残念だね」と伝えると、照れ臭そうに「四度目の正直」といって新聞記事を手渡してくれた。そこには大きな見出しで「潜伏キリシタン関連遺産が世界文化遺に！」と報じられていた。「まず、ちゃんぽんでも食おう」と、市内電車の乗り場にむかった。目指すは、長崎の中華街。

入魂の調査報告書

「父は警察官。それで公務員になった」と、好物の長崎ちゃんぽんをすすりながらぽつり。長崎外語短大を卒業後、市役所への就職はごく自然の成りゆきだった。配属されたのは用地課、それから税務課と、平凡な日々が続く。商工課に移って3年後、「柿森、文化課へ行かないか？」と上司から声がかかった。おっとりしておとなしい性格の柿森さんには、どことなく文化課がふさわしいと思われたのかもしれない。それが彼の運命を変えた。

ちょうど、南山手と東山手の洋風建築群を、伝統的建造物群として保存しようという動きが生まれ、すでに昭和51年（１９７６）に保存対策調査がおこなわれ、薄っぺらい報告書が出来あがっていた。内容は、建築が主体。土田充義さん（のちに鹿児島大学教授）等のおこなった調査だった。この結果をふまえて伝統的建造物群の保存に移行したいのだが、いっこうに前に進まない。担当課長もやる気がない。それもそのはず、これまでの建造物単体の指定と異なり、該当地区一帯を丸ごと保存するのだから腰が重くなるのもうなずけた。保存地区にするには、地元住民の合意形成や議会への説明など高いハードルがあり、失敗したら役所人生に影響も出る。ふつうの職員ならば、面倒くさいと敬遠するところだろう。

まさしく、そのときの課内の状況はそれで、調査成果が出ていても頓挫していたのだ。それは、いつしか教育委員会の永遠の課題とまでいわれる始末。柿森さんは、そんな渦中に巻き込まれたのだ。当時の松島清文課長からは、「おまえの好きなようにやってみろ」と言いわたされた。一見おとなしく、おっとりした性格のように見えるが、彼はじつは性根のすわった男なのである。この性格を試すときがやってきたといえる。

そんな矢先、文化庁建造物課から主任文化財調査官がやってきた。宮澤智士さんである。いっこうに進まない長崎洋風建築群の保存に、業を煮やしていたのだ。担当の柿森さんにむかって宮澤調査官は、「とにかく調査をやり直せ」と切り出した。そして「外部の大学やコンサルタントではなく、地元大学の研究者でやれ」と注文をつけ、さらに「きちんとした報告書を作れ」と発破をかけた。一気に振り出しに戻ったのである。

柿森さんは、自分の世界を描き始めることになった。南・東山手地区内の建築、工作物、環境物件と三種類に分けて、詳細な調査が始まった。建築は土田充義さん、土木工作物を長崎大学工学部、樹木等を長崎市理科教育協会と、宮澤調査官のいうとおりに地元スタッフで固めた。地元の人がいちばん地元をよく知っているし、愛着をもって調査に臨むことを、

長崎市が取得保存した外国人用住宅。7棟が並んで周辺環境と一体となり、東山手の歴史的景観を維持している。

このとき柿森さんは初めて知った。そして、写真が命とばかり、宮澤調査官の紹介で写真家・三沢博昭さんが加わった。

報告書は宮澤調査官の肝いりで「大いなる遺産」と題し、平成元年（１９８９）に３０００部が発行された。南山手、東山手の各戸６００世帯に無料で配布するいっぽう、さらに一冊３０００円で販売した。プロ写真家の作品が表紙を飾るおよそ報告書らしからぬ体裁が話題をよび、市民を中心に広く売れた。魂の入った報告書は、オーラを発していたのである。この結果、洋風建築群によせる市民の関心は、一気に高まったのである。

歴史を生かしたまちづくりへ

地域のみなさんの想いがたくさんつまった報告書が、物を言いはじめたのは意外と早かった。柿森さんは、洋風建築を中心とした保存地区の設定を目的に、すでに「保存計画の素案」を作成していた。さらに報告書をもとに「伝統的建造物群懇話会」を立ちあげた。メンバーは、住民や有識者、行政担当者で構成し、自治会長にも加わってもらった。これが、保存地区へ向けて住民合意を得るための場として機能していくことになる。いわば、伝建地区設定に向けての土俵ができあがったのだ。

このような仕掛けは、先進地から学んだ。すでに重伝建地区に選定されていた神戸市の浜田有司さんや函館市の妹尾正白さんからだ。彼らも保存地区に向けて住民のみなさんからの合意を取り付けるのには、苦悩の日々の連続だったのである。さらに重伝建地区ではないが、都市計画の視点から「歴史を生かしたまちづくり要綱」を基に、横浜らしいまちづくりを推進する横浜市都市デザイン室の北沢猛さんからも多くを学んだ。これらの街は、不思議なことに安政5年（1858）の「日米修好通商条約」によって開港した都市とい

柿森さんお気に入りのどんどん坂（国登録有形文化財）にて。

う共通点があった。「他の街では性格が違いすぎるから学べない」と、柿森さんは振り返る。なぜか歴史を大切にする先進地は、同じような歴史で繋がり、歴史遺産をまちづくりの核に据えていたといえる。先進事例を知れば知るほど、長崎も負けてはいられないと柿森さんは奮起、伝建地区の指定は急務と考えた。とくに「伝建地区は、住環境が向上し、地価も上がった」という神戸市浜田さんの証言には勇気づけられた。なぜなら観光目的ではなく、あくまで住民のための住環境保全を軸とした保存という方向性を、そこに見出したからである。

こうして各地の現況を知ったうえで、南山手を中心とした伝建地区に向けて、地元説明会は10回を超えた。さらに100軒以上の個人住宅に何度も出向き、ていねいに保存の仕組みを説明し理解をもとめた。気の遠くなるような時が流れた。

開発か?・伝建地区か?

観光客が引きも切らずに行き交う南山手地区。いつも観光シーズンのような賑わい、多くの人が訪れる。お目当ては、大浦天主堂(国宝)とグラバー園だ。途中の坂道には、土産物店、食事処、レストラン、甘味店そして東急ホテル(現・ANAクラウンプラザ)など、観光客目当ての建物がひしめいている。いわゆる観光客が集まるハニーポットである。柿森さんは、このエリアの核となっている東急ホテルを、伝建地区の範囲に取り込もうと考えていた。それは、将来にわたるこの地区の景観保全を意識した柿森さんの戦略だった。東急ホテルは、いわば大浦天主堂へとむかう参道のど真ん中にある。しかも5階建ての大規模建築で目立つ存在なのだ。そこで東急ホテルを抱き込んで将来にわたる景観誘導策をおこなわないと、周辺環境に影響を与えるのは目に見えていた。だから柿森さんにとっては、東急ホテルを伝建地区内に入れることは必須だった。

しかし、相手は東京の大手企業。長崎の観光地のど真ん中。当然、収益目的で進出しているのだ。悩む毎日だが、もやもやしていても埒が明かない。ある日、思い切って事情説明に東急ホテルに向かった。もちろん、東急ホテルは拒否反応を示した。宿泊施設として地域活性化に一役かっているという意識を持つ担当者は、不快感を露わにした。そして市に対して、異議申し立てをして来た。

都市計画審議会にかけることになったが、東急ホテル側は一歩も引かない。柿森さんも、負けてはいない。何度も説得に行った。それは、「何かあったら大浦天主堂を建てた先人達に申し訳ない」という一途な気持ちからだった。大浦天主堂は、フランス人宣教師が建てた江戸期の建築。わが国で、いちばん古い教会堂だ。しかも、潜伏キリシタンが当時の宣教師に、同じキリシタンであることを告白した場所であり、それを機に禁教期が解けるなど、歴史的にとても重要な地なのである。そんなことも柿森さんは、東急ホテル担当者に話した。そして粘り強い交渉のすえ、ついに東急ホテル側が理解を示してくれたのだ。そのとき柿森さんは、喜びをかみしめる一方で、東急ホテルに対しては申し訳ないと、素直に思ったそうだ。

後日談として、柿森さんはこんなことも語ってくれた。後に文化財課を離れて、長崎市東京事務所に転勤になったとき、柿森さんは真っ先に訪ねたい場所があったのだという。それは赤坂の東急ホテル。伝建地区のことで激論を交わした担当者に会いたかったのである。当時の担当者・寒川さんは、笑顔で柿森さんを迎えてくれた。保存地区がきっかけで、二人は出会った。そして激論を重ね、お互いの立場を越え、地域を守るための信頼関係を築いたのである。「名を惜しむ」を地で行く老舗・東急ホテルの振る舞いに、柿森さんは改めて敬意を表したのである。

潜伏キリシタンが、
フランス人に「同じ思い」と告白した大浦天主堂（国宝）。

さて、問題はそれだけではなかった。さらに手強い壁にぶつかった。「オマエ、文化財ではメシは食えんぞ。再開発して街を元気にすることが市の役割だ」と、あるとき都市計画部長から怒鳴られた。グラバー園が盛況になるにつれて観光客が急増、観光用の店舗整備として「松ケ枝五番街計画」が市内部で持ちあがっていたのだ。南山手地区に隣接して、鉄筋五階建を新築するというのだ。「短絡的な商業活性化策」と、柿森さんはすぐに感じた。伝建地区指定が地域活性化の足かせになる、というのが都市計画サイドの意見だった。情けないことに敵は内部にありである。それもかなりの強硬姿勢。

ここでひるんでは男がすたるとばかり、柿森さんはすかさず反撃に出た。住民のみなさんや東急ホテルの想いを大切にしてきた柿森さんにとって、絶対に受け入れることはできない計画だった。伝建地区のそのすぐ隣が開発地区になってしまっては、まるで街中に壁を立てることになって、歴史的景観を阻害することはあきらかだからだ。歴史を残すことが街の魅力を高め、街のアイデンティティーを磨くことになる、宮澤調査官との出会いにより学んでいた柿森さんは肝に銘じていた。

「最後に愛は勝つ」という歌の文句ではないが、「歴史文化は開発に勝つ」を信じて、柿森さんは粘り強く都市計画サイドへの説得をつづけた。辛い日々がつづいた。そんなとき

柿森さんが地域のみなさんと力を合わせて修理したのち開設した「南山手地区町並み保存センター」(旧雨森家住宅)。

は、長崎市街を出て郊外へドライブし、外海地区にある出津教会を訪ねた。ド・ロ神父ゆかりの教会には、年老いたシスターがいる。子供のころから親しい、母のような存在だ。時代物のオルガンを奏で、微笑む姿を見るたびに柿森さんは心穏やかになった。そして海を臨む鰯網工場の陰で泣いた。辛いときは、いつもこうした。すると不思議なことに、海風が重々しい悩み事を吹き飛ばしてくれるのだ。

いつしか柿森さんの言葉は、神父さんの教えのごとく力を増してゆく。応援団は、かつて角を突き合わせた地元住民だった。行政側の時を見誤りそうな計画に、保存という釘を刺してくれたのだ。ついに計画は

南山手地区町並み保存センターの内部、丁寧に整備されており当時の面影をよく残している。

白紙撤回となった。郷土長崎の歴史を原爆のように傷つける者はもういなかったのだ。

南山手・東山手地区の伝建地区が、住民の8割の合意を得て決定した。3日間におよぶ市議会審議のすえの採決だった。

その後、国の重伝建地区に選定され、以来、重伝建地区担当として約10年、西洋館の修理や修復事業を推進する日々がつづいた。所有者の想いを汲みあげられずに、残せなかった西洋館もあった。涙と笑いのドラマチックな職場でもあった。とくに南山手地区町並み保存センターの設置は、柿森さんの会心作である。地域住民のまちづくりや来訪者との交流拠点として、西洋館を再生した事業だが、いまもその存在は輝きを失わない。柿森さんは、オープニング・セレモニーの光景が忘れられないという。庭に多くの人が集い、笑顔で一杯になったそうだ。そう、実現を阻止した「松ケ枝五番街計画」の対象地と、南山手地区町並み保存センターとは、道を隔てた至近距離にある。因果なものである。それゆえ、柿森さんにとっては感慨深い場所。青空に町並み保存センターが映える。「ここで写真撮ってよ」と、柿森さんは満面の笑顔を見せた。

長崎・天草の潜伏キリシタン遺産を世界遺産に

重伝建地区への挑戦のつぎなる彼の使命は、長崎の教会群を世界文化遺産にすること。彼の想いにも行動にも、すこしのブレもない。潜伏キリシタンの子孫として、かけがえのない歴史と文化を将来にわたり伝え残すために、世界文化遺産への登録はその礎として必要不可欠なのである。

しかし、市民活動団体を立ちあげ広く啓発するが、なかなか響かない。地道な活動が続く。26聖人フィリッポ教会の結城神父さんは、彼の想いを優しく受けとめ、大いに力を発揮してくれた。また宮澤智士さん、三沢博昭さん、伝建担当仲間として交流していた黒木久遠さん（宮崎県日向市）ら、多くの名士がこの活動を外部から応援してくれた。そんな勢いが、やがてバチカンへの使節団派遣に繋がったのだ。長崎のキリスト教遺産の実情を携えて、バチカンの大司教を訪問したのである。その根底には、かつて遠くバチカンを目指した天正使節団の魂が息づいていた。大司教は、時を超えて極東アジアに根付いているキリスト教信仰の現状に感涙したそうだ。そんな快挙を柿森さんはなしとげている。

彼の熱意にあおられて、ぼくも五島の集落と教会群を訪ねたことがある。鄙びた漁村集落や海岸沿いに、美しい教会が聳え立つ光景に出会い感動した。それは、いまだかつて見たことがないほど神々しい情景であった。同時に、なぜこのような場所に、こんな立派な教会が建っているのか?素朴な疑問が浮かんだ。この風景こそ、約３００年間もの禁教期に耐えた信仰のエネルギーによって結実した姿なのであり、まさしく地域が誇る文化的景観そのものなのである。

柿森さんが長崎市東山手・南山手重伝建地区のあとに、それこそ命を懸けて取り組んだのが、この潜伏キリシタン遺産を世界文化遺産に登録することだった。市民活動として仲間と奮闘すること約20年。そして平成30年（２０１８）6月、ついに運命の日がやってきた。世界文化遺産に登録が決定したのである。重伝建地区のときと同じく信念を持って世界遺産登録に邁進してこられた柿森さんに、あらためて敬意を表したい。

奈留島港に隣接した緑地に、世界文化遺産登録を記念して石碑が建っている。篆刻家・古田悠々子さんの作品で、「世界遺産　この島から始まる」と記されている。柿森さんが居なかったら、言い出さなかったら、行動を起こさなかったら、世界文化遺産登録はなかっただろう。

瀟洒な石碑が人の想いは尊いと、語りかけているように思えた。

（取材 ２０１８年）

柿森さんが、活動拠点として建てた「隠れキリシタンの里」。人が近寄るのが難しい場所であり、いまも残る石垣等の遺跡が、かつての信仰生活を彷彿とさせる。

1882年 ド・ロ神父自らが設計し、私財を投じて建設された出津教会（国指定重要文化財）。

はるかに東シナ海を望む出津の風景（国重要文化的景観）。

何気ない風景だが、坂の街・長崎の日常を象徴する。東山手のオランダ坂で。

柿森さんのふるさと、奈留島の江上天主堂（国指定重要文化財）も世界文化遺産の構成遺産である。

世界文化遺産に登録されている新上五島の頭ケ島天主堂（国指定重要文化財）は、地元で切り出された石造りだ。

明治期建造の五輪教会（国指定重要文化財）の内部。リムボールド天井が美しい。

奈留島の世界文化遺産登録記念碑の除幕式にて。石碑には「この島から世界遺産はじまる」と、篆刻家の古田悠々子さんが刻んでいる。左端より、柿森和年、古田悠々子、デ・ルカ・レンゾ神父（イエズス会日本管区長）、高祖敏明（聖心女子大学学長）、城山直輝（大串、江上町町会長）、林一馬（長崎総合科学大学名誉教授）。（敬称略）

シビックトラスト理事パーシバルさんご夫妻を囲んで、柿森さん（後列右）と南山手町並み保存会のみなさん。昭和61年（1986）ころ。

世界文化遺産に向けて、シンポジウムで講演する柿森さん。

植松久生

埼玉県／川越市川越　商家町

東京に近い重伝建地区といえば、蔵の町川越（埼玉県）や水郷の町佐原（千葉県）だろう。昭和50年（1975）に重伝建制度が出来てから46年経ち、選定された地区は全国で123地区を数えるが、いまだに東京都と神奈川県に重伝建地区はない。近年、歴史的町並みは地域活性化の核として脚光を浴び、東京から至近の両地区は週末ともなれば多くの人々が訪れ活況を呈している。まさに歴史的町並みは、貴重な文化観光資源になった。

江戸の北西に位置する川越は、かつては幕府にとって重要な城下町。連綿と受け継がれてきた歴史に裏打ちされて、いまも文化の薫り高い町である。「道路の拡幅計画がある地区内に伝建地区を都市計画決定するのが至難の技だった」と、ほろ酔い加減の植松さんは何度も口にした。ちょっぴり笑みを浮かべながら、「ほかの人並み会のメンバーが激戦した歴史的集落や町並みと、川越とは事情が違う」ともポロリ。蔵の町川越は、苦難の道をたどった末に伝建地区に指定され、そして重伝建地区に選定された稀な存在なのだ。植松さんのお話を聞きながら蔵の町川越を歩いていると、目の前の風景を介して蔵の町の保存に情熱を傾けたみなさまの想いが伝わってくるのである。

植松さんは東京銀座三丁目で生まれた。松屋デパートの裏あたりだという。昭和25年生まれだから、戦後の混乱が一息ついて銀座に賑わいがもどったころだが、幼いころの思い

一番街には、豪壮な蔵造りが連なる。

出はないそうだ。そして父親の転勤で川越に引っ越した。だから、移りゆく川越の姿は、青春時代からずっと肌で感じてきた。明治大学を卒業して川越市役所に奉職。奉職とは古臭い言葉だが、植松さんが「奉職」と何度も表現した意味は、蔵造りを生かした町づくりを推進するために、いかにご苦労をされたかというところにあるのだろう。

いざ、川越へ

「りそな銀行の前で待っているよ」との植松さんからのメールを頼りに、ぼくは自宅のある横須賀から横須賀線に飛び乗り、大船から上野・東京ライン経由で大宮に直通する東海道線に乗り換えた。途中の鎌倉駅では、ちょうど東京から着いた電車と遭遇、ホームは若い男女でいっぱいだった。「今日は、日曜日。川越も賑わっているかな?」と思った。

大宮からは、川越線の電車に乗った。川越への鉄路は、横浜から東急東横線と東京メトロ副都心線経由で、東武東上線や西武線へアクセスする方法も選べるのだが、あえて川越線を選んだ。高校時代に蒸気機関車の撮影によく訪れたので馴染み深いことも一因だが、いかにもローカル線を感じさせる車窓風景が、昔ながらの城下町を訪ねるのにふさわしいと思ったからだ。大宮を出た川越線は、指扇と南古谷の間で長い橋梁によって荒川を渡り、そこから田園のなかを走り抜け、やがて車窓に人家が増え始めると、川越駅に到着する。その行程がなんともドラマチックで、川越が都であることを実感させてくれるのである。

川越駅から蔵造りの町並みが続く一番街へは、路線バスが便利。城下町らしく鉄道の駅は町外れにある。「鉄道忌避伝説の謎」という青木栄一氏(東京学芸大学名誉教授)の著作によれば、歴史ある町は近代化の旗手ともいえる鉄道を嫌い、あえて敷設を拒んだ場合もあるのだとされている。さて川越は?などと考えていたら、バスが急にノロノロ運転になった。

埼玉りそな銀行の建物。築100年を超える鉄筋コンクリート造である。

前方を見ると、ブレーキランプを輝かせた自動車がびっしり渋滞中だ。道の両側は商店街で、蔵造りの商家が並び、歩道には観光客らしき人々が蠢いている。歩く人や買い物をする人でいっぱい。狭い道は車と人で埋め尽くされている。車幅の広いバスは、一歩一歩という感じで進む。もうここは重伝建地区内なのだ。すかさず、バスのアナウンスが「次は、一番街」と告げた。目的地である。

しかし、ものすごい数の観光客だ。鎌倉の小町通りのようだが、ちょっと様子が違う。車道と段差のない細い歩道が、観光客の居場所だから危険きわまりない。でもソフトクリームやお菓子を手にもって、食べ

陶舗「やまわ」脇の路地が、長喜院へと続いている。

歩くスタイルは鎌倉と同じだ。じつに器用なものである。

バスを降りて振り向くと、埼玉りそな銀行の洋風建築が目に入った。あまり人が多いのとみんなマスク姿だから、植松さんが見つからない。埼玉りそな銀行の建物を目がけ、渋滞の車をすり抜けて道路を横断。人の流れに乗って歩いていたら、「ヨネちゃん」と植松さんの声。なんとも、ドサクサのご対面である。あいさつより先に、「凄い人出だね」とポンと口から出た。「昔はこんなに人通りはなかった」と、植松さんから返ってきた。埼玉りそな銀行南側の広場の隅へいって、本日の目的やなんやかや立話をしたが落ち着かない。毎週末はこん

路地を入ると、石畳に黒いタイルのラインが。まさに都市の記憶。

な状態だそうな。コロナも自粛も何にも感じさせない、平時のような賑わいがそこにあった。

「まず、ここを見てほしい」と、植松さんが最初に案内してくださったのが、明治26年建造の立派な土蔵造りの陶器店「やまわ」脇の路地だ。洒落た石畳の路地は、長喜院に通じている。路地の真ん中に立った植松さんが指さす先には、黒色タイルが埋め込まれた一本のラインが路地を横切っている。なんと、もともとの都市計画道路拡幅計画時の計画線の位置を示しているのである。蔵造りが連なる県道は、現在の道路の縁から約10ｍも拡幅される予定だったのだ。つまり、もし都市計画道路が実現していたとしたなら、蔵造りは取り壊されていただろう。もちろん重伝建地区には選定されなかったし、いまのように人々で賑わう観光の町川越は誕生していなかったのだ。

その当時は、町並み保存なんて騒いでみても、世の中はそんな次元ではなかった。とにかく都市計画道路を何とかしなければというのが、川越市サイドの重要課題だった。そうでなければ、蔵の町並みも残せないという論理であった。植松さんも、この難物に毎日翻弄されていた。長年の苦難を乗り越え、結果として重伝建地区になった今日、ここに案内して当時のことを涼しい顔で説明できることは、じつに幸せだと植松さん。一本の黒色タイルのラインは、当時の激戦を物語る都市の記憶なのだ。

町並み保存がはじまったが……

見事な蔵造りの町並みが自慢の川越。いまや誰もが認める観光まちづくりの先進地だが、重伝建地区に選定されるまでの道のりは、決して順調ではなかった。植松さんは、昭和49

年（1974）に川越市に奉職、企画課広報係に配属された。広報誌の発行にも関わり、このなかで蔵造りの素晴らしさを報じている。

そのころ、町並み保存に向けて、市民による保存運動はすでに開花していた。川越市文化財保護協会会長山田勝利さんが中心だった。山田さんは川越氷川神社の宮司で、常民文化研究所の宮本常一先生との関係もあり、町並み保存には関心が高かった。後に全国町並み保存連盟副会長も務められ、川越の蔵造りの町並みの大切さを全国にアピールしていた。

一方、川越市教育委員会文化財保護課では、伝統的建造物群保存対策調査を早くも昭和50年（1975）に実施していた。東京からほど近く、いわば文化庁のお膝元である川越は、早くから重伝建地区の有力候補地として注目されていた。しかし、蔵造りの商家が並ぶ一番街には、道幅を拡幅する都市計画が生きており、ことは順調には進まない状況が続いていた。

その矢先である、土蔵造りを取り壊して、長谷工のマンションが竣工したのだ。しかもその場所は、蔵造りが続く一番街の南側の入り口付近である。これを機に、蔵の町並み保存運動に対する市民の関心が、一気に後退してしまった。商工会議所も青年会議所も旦那衆も、面倒くさいことには関わりたくないと背を向け始めた。町に挫折感が漂い、植松さ

奥に見えるのが長谷工マンション、駅からは蔵のまちへの入り口にあたる。

んも悶々とした日々を送ることになる。
蔵の町並みは、人通りも少なく活気もない。県道を通過する交通量が増えて、ビュンビュンと車が行き交っている。蔵の町並み界隈は、ますます無機質な空間になりつつあった。「町並み保存とは何か?」植松さんは、日々考えた。川越は、この地方では大都市である。「町並み保存というのが、相応しくないのではないか?」植松さんは、ふと思った。けれども、さして良い考えは浮かばない。

そんななか、昭和40年代中頃から川越の伝建調査を担った村松貞次郎さん（東京大学名誉教授）をはじめ、蔵造りの大切さを唱えてこられた浜口隆一さん（日本大学教授）や、さらには川越出身の馬場璋造さん（新建築編集長）らが、歴史的町並みの大切さを強く訴えるとともに、蔵の街を取り壊してしまっては川越らしさを失ってしまうから諦めずに頑張れと、町衆を勇気づけてくれたのだ。

こうした動きがあったなかで、植松さんは目覚めた。そう、町並みを「保存する」という一辺倒では、前にいかない。蔵造りのよさを生かして、「まちづくり」をすることこそが、これから歩むべき道なのではないのか？そういう考えに至ったのだ。

知人に相談すると、まちづくりという発想は斬新だと、耳を傾けてくれる人が増えた。そこで考えついたのが、市民主導のまちづくり組織だった。こうして植松さんは、「蔵の会」の発足へと向かっていく。ただ町並みを保存するというのではなく、連綿と受け継がれてきた歴史や文化を生かして、川越の明日を切り開くためのまちづくり、というところへ行きついたのだ。

蔵の会の設立

町並み保存からまちづくりへ。そんな想いを形にしていくために植松さんは、8年間在籍した企画課広報係時代に築いた人間関係を頼りに、一番街の旦那衆に街の将来について率直なご意見を伺うことを決めた。ちょうど福祉部老人障害課に異動した時期で、町並み保存から少し距離を置く時間が出来た。ゆっくり、ゆとりをもって川越の蔵造りの将来のことを考えた末の作戦だった。そして、行動に出た。長谷工マンションの影響は尾を引いていたが、旦那衆が蔵の町に寄せる想いは熱く、将来にわたり町をなんとか活性化したいという強い気持ちは変わっていなかった。活気のない蔵造りの町並みを歩き、旦那衆を訪ねる日々が続いた。その脇を車が高速で過ぎてゆく。そのたびに空しい気持ちになった。現在の賑わいからは想像が出来ないほど、町は寂れていたのである。賑わいはすでに、川越駅周辺に移っていた。

蔵の町の旦那衆の話を丁寧に聞き、そして街の活性化ということにテーマを絞って戦略を考え、行き着いたのが「蔵の会」の設立だった。昭和58年（1983）、市民主導のまちづくり団体の誕生である。初代会長は、時計屋の可児一男さん。町並み保存からまちづくりへの転機で、新たな挑戦であった。スローガンは「1、まちづくりの主役は市民である」「2、商店街の活性化による景観保存」「3、市民は口だけではなくお金も出し、ナショナルトラスト的な法人を目指す」だった。瀕死の一番街に賑わいを取り戻すことこそが町並み保存にもつながる、そういう逆転の発想がそこにはあった。それまで川越市頼み一辺倒だった町のことを、こんどは市民が主役となって足元を見つめなおして取り組んでいくという、住民自治の形へと脱皮したのである。会員は、町並み保存やまちづくりに深い関心がある市民、文化財保護協会、青年会議所の現役やOB、川越の町並みを愛する都内の学者や建築家やマスコミ関係者など、約200名だった。「蔵の会」が発足した当初、川越市側は、胡散臭い団体ができたと感じていたのではないか?と、植松さんは当時を振り返る。だがそれから「蔵の会」は、町を大切にする活動を着実に積み重ね、徐々に川越市とも今でいう協働の形で活動を推進してゆく。

昭和61年（1986）頃には、一番街が通産省コミュニティ・マート構想の全国対象地5か所のひとつに選定され、専門家による調査がおこなわれた。このとき、全国町並み保存連盟の現代表理事・福川裕一さん（千葉大学名誉教授）がかかわることになる。そして

景観に配慮して建てられた蔵造り風の郵便局。

この構想のなかで「町並み委員会」が設けられ、合わせてまちづくりに関する規範が作成された。よりよい町にするための細かなお約束事を作成したのである。

これ以降、一番街の町衆はこの規範を、まちづくりの指針とすることになる。その根底には、いわゆる中心市街地整備の三点セット、個店の整備、核施設の設置、道路のモール化やポケットパークの設置だけではなく、川越らしい資産を活かした整備が必要だという基本精神があったからだ。川越らしい資産とは、すなわち蔵造りの町並みである。

これらの動きに呼応するかのように、さらに埼玉県が観光市街地形成事業をおこなうことになった。商家のファサード整備に、県が補助をしたのである。この時とばかりに「町並み委員会」はその機能を発揮し、規範を武器としてファサードのデザインコントロールを見事におこなったのである。委員会と規範は、つねにセットなのだ。まさに市民が市民をチェックするという環境保全の先進形を垣間見る思いである。

この事業は約10年続き、そのあいだに商家の外観は、川越らしく修景されていき、だんだんと町並み景観が整っていった。それにつれて観光客が増えはじめ、やがて休日ともなれば一番街は今のような賑わいに包まれるようになる。この成果や「蔵の会」の活動に多大な関心をしめしたのが、後に第三セクター「黒壁」を立ち上げることになる笹原司朗さん（滋賀県長浜市）だ。笹原さんがとくに興味をもったのは、「蔵の会」の財団形成の考えから生まれたまちづくり会社構想だという。「黒壁」というのは、空き家になった黒い壁を備えた明治期の銀行建築を、ガラス館として再生することからスタートとした長浜独自の街再生プロジェクトだ。現在では、歴史的町家等を、カフェ、レストラン、郷土料理店、骨董屋などに再生。その数は30軒以上をかぞえ、瀕死の街を活性化することに見事に成功している。その後この流れは、「ならまち賑わい構想」（奈良市）、「赤瓦」（鳥取県倉吉市）にも波及。この斬新な発想の源泉が、そもそも川越一番街に結びつくとは、植松さんのお話を聞かなければ分からなかった。

蔵の町を残す

埼玉県の観光サイドによる整備事業などによって、町並み景観が少しずつ整ってきた一番街に、また問題が起きた。バブル以降の土地利用をめぐって、また高層マンション計画が持ち上がったのだ。場所は、埼玉りそな銀行の南側の駅寄り、キャバレー「月世界」の跡地だ。蔵の町のど真ん中、とにかくマンションが建ったら困る。「蔵の会」も必死。市民は戦々恐々の毎日。いわば住民自治といえるまちづくりを進めてきた「町並み委員会」関係者も、民間でできることの限界を悟ったのか、かつて一度お蔵入りしていた伝建地区指定を要望するようになった。

川越市も、今度こそ後に引けなくなったのである。こんなところに高層マンションなど建てば、市長の首が飛ぶ。ひとたび頓挫した伝建地区指定に向けて、再度歩み始めざるを

キャバレー「月世界」の跡地は公園になっている。

えなくなった。植松さんは、平成9年7月1日付で市の政策担当に異動になった。4月ではなく中途半端な7月の異動だった。それは、伝建地区に向けて都市計画サイドと文化財サイドが、協働して事業に取り組めるように調整する役目だった。一言でいえば、まちづくりコーディネーターである。「蔵の会」の中心的存在であり、地元でも顔が広い植松さんに、市民や役所の期待が集まったのはいうまでもない。まさに役所と市民団体との二足の草鞋を履くことになってしまったわけである。

しかし、伝建地区指定ということになると、やはり問題は都市計画道路の扱いである。目の上のたん瘤である都市計画道路。

これが解決できない以上、一番街の蔵造りの町並みを保存地区にはできない。西側に約10mのセットバックが、歴史の町川越には似合わないことは誰にも分っていた。何とかしなければと、悩む日々。伝建地区指定と、都市計画道路の縮小変更がセットであることが、改めて強く意識されてきたのである。

難局のなかで、まずはマンション問題である。これには、伝建担当と用地担当セクションが連携。このエリアはいずれ国の重伝建地区になるから、マンションは建設できないのだと地権者らを説得。「川越市が一括して買い取る」と巧みに誘導したことが功を奏し、地権者は売却に同意したのである。

結果として跡地は、市民や観光客が憩える公園になった。もし、マンションが建設されていたとしたら、蔵造りの町並み景観は崩れてしまい、市民の保存への関心が失われて、都市計画道路が実現してしまっていたかもしれない。この勝負が、町並み保存へのターニングポイントであったのだ。

さて、マンション問題にけりがつき、伝建地区指定への道を粛々と歩み始める。植松さんは、企画課政策担当として、それぞれ権限を有する都市計画課と文化財保護課との調整に終始する毎日が続いた。難問なのは分かっていた。だが、これが将来の川越のまちづくりの鍵になるのだ。そして、苦難のすえに出来上がったシナリオは、三本立てであった。

まずは、一番街の北側に北環状線を都市計画決定する。そこへ通過交通を迂回させることによって、県道である一番街を主要幹線道路から準幹線機能に落とし込む。そして最後に、一番街を伝建地区として都市計画決定するという戦略だった。一番街の蔵造りの町並みを伝建地区に指定してしまえば、都市構造が固定化され、もう道路を拡幅する必要がなくなるからである。植松さんを中心に関係各課が、実現に向けてこの図式を推進していくのである。平成11年（1999）4月。ついに計画は実現し、一番街の蔵造りの町並みは伝建地区になったのである。対象地区の市民からの保存地区の同意は、なんと97％に上った。

これを機に植松さんは、文化財保護課に異動。今度は、国の重伝建地区選定を目指すのである。文化庁との調整に心血を注いだ。当時、文化庁建造物課の伝建担当文化財調査官だった苅谷勇雅さんは、その活躍ぶりから植松さんをヤンチャと評したそうだ。当たり前の役人人生では、伝建とは付き合えない。自分よりも町と市民、これが大事。市民との信頼関係なくして、伝建は出来ないのだ。そんな熱意が実ったのは、平成11年12月1日。奇しくも川越市の市制施行記念日だった。一番街の蔵造りの町並みは見事に国の重伝建地区に選定されたのである。

いまは週末ともなると、この賑わい。

一度はあきらめた重伝建地区。商店街の活性化へとシフトしながら、次第に当初の目的であった重伝建地区へと、緩やかに舵を切ってきた川越。そのエネルギーの源泉は、地域を愛してやまない市民や行政マンの熱い想いであった。そしてその流れのなかで、川越市役所と「蔵の会」、まさに役人と市民団体という二足の草鞋を履き切った男が植松さんである。「まちづくりや重伝建に関わったことで、命がけで付き合える人が出来た。それが、なによりも嬉しかった」そう言って、植松さんは、ほほ笑んだ。

（取材 2017～20年）

2016年（平成28年）7月9日、川越で開催された「全国人並み会総会」にて。前列左から、堀勇良（元文化庁主任文化財調査官）、亀井伸夫（元東京文化財研究所所長）、大谷昭二（元白川村教育委員会事務局長）、佐藤仁夫（全国人並み会会長・下郷町社会教育課長）、村上訊一（元文化庁文化財鑑査官）、黒木久遠（元日向市総務部長）、苅谷勇雅（元文化庁文化財鑑査官）、荒巻澄多、後列左から、厚村るみ子、伊集院定義、厚村善人、今井信二、加藤忠正、柿森和年、小林浩、浜田有司、米山淳一、山本玲子、大谷睦子、原知之（元川越蔵の会会長＊陶器店「ヤマワ」ご当主）、福川裕一、植松久生、小池欣一の各氏。（敬称略）
（写真提供：全国人並み会）

今宵の一献は、純米「神亀」。
これが潤滑剤。筆者（右）とともに。

植松さんのまちづくりの同志、
都市計画課の小川欣一さん（右）とともに。

擬洋風建築の歯科医院、蔵造りの町に趣きを添えている。

蔵造りに並ぶ看板建築もおもしろい。

トランス置き場等で、電線地中化の是非も揉めたが、このような工夫で解決した。

蔵の町から一歩裏通りへ入ると、かつての遊郭跡も。町全体に懐かしい雰囲気が溢れている。

川越のシンボル「時の鐘」。明治26年の大火で焼失したあと、横浜の生糸商・原善三郎らの出資で復元された。

明治26年の大火で焼け残った江戸期の建物、大沢家住宅（国重要文化財）。

夜になると観光客の姿もなくなり、往時の街の風情が甦る。

村上和子

岩手県／一関市千厩町　茅葺民家（岩手県指定有形文化財）

驚きの茅葺物語

全国に茅葺民家は、いくつあるのか?いや、残っているのか?との問いに戸惑う方は多いと思う。まんが日本昔話に登場するような民家である。

もう20年は経つだろうか?農林水産省の関係団体が行った全国調査の後に、専門家が出した概算では約10万棟。だが、そのうちの約8割は茅葺屋根を鉄板で覆っている状態にあり、茅葺屋根のままの民家は年々その数を減らしているとわかった。

現在、茅葺民家は、国、県または市町村の指定文化財となっていたり、重伝建地区に選定された歴史的集落や町並みのなかにあったりする場合が多い。その数は、国の重要文化財が約400棟、重伝建地区内に約300棟。県や市町村の指定を合わせても、1000棟に満たないと推測される。歴史を紡いで来た茅葺民家は、人が手を掛け、しかも文化財を保護するという視点で守られなければ、早晩消えて行ってしまう。風前の灯といえるのではないだろうか。

さて、これらの茅葺民家が保存されてきた経緯はさまざまであろうが、とりわけ特異な

竹と樹々に囲まれた村上家住宅。

ケースとして保存に至った茅葺民家がある。岩手県一関市千厩町にある村上家住宅（県指定有形文化財）である。里山に埋もれるような屋敷地に、大屋根を備えた立派な主屋、馬屋、厠、納屋等が佇んでいる。いずれも江戸期の建築でこの地方の典型的な農家建築である。

全国の事例において、古民家を文化財として保存するに至る事情はいちようではないが、この村上家のようなケースは、まず他に例がないだろう。なぜなら、嫁いできた女性が、家族の反対をはねのけて嫁ぎ先の民家を保存したからであり、しかもその修復資金を得るために、一人で洋服の行商をおこなったというからだ。崩壊寸前だった茅葺民家を、女手ひとつで修復・保存したというこの稀有な物語を、最後につづってみたい。

出会い

「今日の講演は泣けるぞ」とヤマカンが肩を叩いてきた。もう20年以上も前、智頭町（鳥取県）で開催された建築修復学会でのことだった。「何が?」と、ぼくがポカンとしていると、ヤマカンは「真打登場だよ」とニヤリと笑った。ヤマカンとは愛称で、本名を山崎完一という。社寺建築をはじめとした文化財指定建造物の専門家で、新潟を拠点に全国で調査や修理・復原等を手掛ける、この道では著名な人物だ。残念ながら平成30年（２０１８）に他界されてしまった。ぼくが日本ナショナルトラストに在職していたときに、民家や町並みなど歴史的建造物の調査事業等でとてもお世話になった方で、不思議な魅力を持った人であった。

横浜市歴史を生かしたまちづくりセミナーで講演する村上さん。平成22年（2010）神奈川県庁旧議場にて。

そんな男が鳴り物入りで講演に招いたのが、村上和子さん（当時70歳）だった。演題は「女手ひとつで茅葺民家を復原」であった。歴史的建造物等を守り育てる市民、行政担当者、学者、研究者等が埋め尽くした会場に、忽然と姿を見せたのは年配の女性。おもむろに演台の前に立ち、東北訛りであいさつをされた。開口一番、「私のような者がなぜこの場で講演するのか？」を、とうとうと述べられたのが印象的だった。学会と名のつく会場で講演をする人は、専門家や研究者と相場が決まっている。だから村上さんは異色そのもの。村上さんご本人はそんなことはお構いなし。年齢を感じさせないメリハリのある話しぶりに、聴衆はグイグイと引きずり込まれてゆく。やっとの思いで茅葺民家が甦った下りになると、涙をぬぐう人があちこちで見られるではないか。会場は熱気を帯びながらも、ホンワカとした空気に包まれはじめた。ヤマカンの言う通り、ほんとうに泣けてくる話なのである。

これまで白川郷の合掌造り民家の取得保存、名勝旧大乗院庭園の復原整備、歴史的鉄道車両の動態保存（トラストトレイン）、歴史的町並みや集落保存ほかさまざまな場で、地域を愛するみなさんや、その道の達人、権威ある研究者などいろいろな方々と出逢い、教えを請い、力を合わせて保存・活用などに取り組んできたが、村上さんのような実践者とは初めて出会った。これぞ、目から鱗、晴天の霹靂。いや、成せばなる、成さねばならぬ何事も……を地で行くほどの説得力を感じた。まさに真打登場。ぼくはこのとき、無限の可能性を村上さんから学んだのである。

以来、村上さんへの畏敬の念は揺るぎないものとなってゆく。そして村上さん詣出が始まった。

茅葺民家に棚田が広がる千厩の農村風景。

嫁いだ先は古びた茅葺民家

村上和子さんは、千厩町磐清水という農村で生まれた。岩手県立一関高等女学校（師範学校）を卒業し、3年間ほど教壇に立った。女学校時代は、授業の一環として、毎日のように出征兵士を一ノ関駅に見送りにいった。東北本線の上り出征列車が、午前中に一ノ関駅を通るのである。そのたびに日の丸の旗を精一杯振った。

年頃になり、縁談が持ちあがった。見合いの相手は、少し歳をとった教員だった。「戦争に行きたくないから教員になった」と、相手がポツリと言った。これが、村上さんの人生を変えた。出征兵士の想いを胸いっぱいに受け止めてきた村上さんにとって、この言葉は許せなかったのだ。縁談を蹴り、同時に家を飛び出した。家族や親戚の態度も一変、勘当も同然だった。気が付けば、独りぼっちになっていた。信じられるのは自分だけ。そんな日々が続いた。

身を寄せた知人の家でも、肩身は狭い。意地でも、家には戻れない。そんな行き場のない村上さんに声を掛けたのが、役場職員だったご主人である。「行くとこなければ、家さ来い」がプロポーズだった。その言葉に引きずられるようにして、新しい生活が始まった。

一関市街からはずっと東の方にある千厩町、竹やぶに囲まれた里山の農家がその住居だった。寄棟造りの大きな茅葺屋根が印象的。ところがひとたび雨が降ると雨漏りが始まり、座敷にバケツや洗面器が散乱する。茅葺屋根を見上げると、いたるところで波うち、くぼみも出来て凸凹になっている。遠目に見ても長い間手入れしていないことが分かるほど、屋根の状態は悪かった。しかも主屋は、全体に傾いている。内部はいつも薄暗くて汚らしい。とくに冬はとても寒く、けっして快適な住居ではなかった。

土間の脇には大きな囲炉裏があって、座る位置が決まっており、「横座」という一番奥にご主人、その脇が姑、土間際の隅っこ「木尻」が嫁の定位置だった。そこで毎日、漬物、汁、野菜の煮物といった質素な食事を摂るのである。おまけに小姑とも同居。姑は嫁に厳しい「嫁いびり」で、家事、野良仕事なんでも口を出してきた。親を守れ、仏を守れ、家を守れと、日々言われ続けた。そんなある日「こんなボロ家に未練はない」と、ご主人が言い出した。新しい家に移るというのである。

嫌な想いばかりの家だが、村上さんはすんなり「ハイ」と言う気にはなれなかった。長年先祖から受け継いできた家を、見捨てて良いものか?屋根は崩れていても、太い梁と柱が家を支えている。大黒柱が立派で、とくに気に入っていた。不思議なことに天気予報で雨と報じられると、その前に大黒柱を支える束石の辺りがきまって湿ってくるのである。村上さんは、家は生きていると感じた。家族同然、家は生き物なのだ。

ある日、囲炉裏端に座って、屋根裏や柱をぼんやりと見上げていた。すると、どこからともなく声が聞こえてきた。それは太い柱が囁く声だった。「家が傾いてしまう、助けてくれ」と。はっとして、われに返った。家の神様の声だったろうか?このとき、何とかして家を延命させたい、そういう想いが村上さんに芽生えたのである。

修理のきっかけは熟練大工の一言

天の声を聴いた村上さんは、思い立って村の大工を訪ねた。隣の藤沢集落に住む、地元の大工だ。大工は、昔の建物のことは何でも知っていた。村上家住宅の事を伝えると、がぜん興味を示した。後日、仕事の合間を見て、何人かの大工が村上家住宅を見にやってきた。

ところが、屋根は落ち、床はめくれ、柱が傾いた家を目にして、一人目も二人目も、あまりいい顔をしなかった。三ばん目に来たのが、若手の大工、熊谷賢治さんだった。彼は土間に入るなり、「すげーなー、よくここまでもたしてきたなぁ」とポツリ。しばし家じゅうを見渡した後、「大黒柱が立派だぁ、雨漏りがなくなりゃー、200年も300年も持つ建物」と、太鼓判を押してくれたのである。この言葉が大いに励みになり、この一言で村上さんは修理を決めた。

帰りしなに熊谷大工は、「残しなよ」と笑顔で呟いた。村上さんは運命を感じ「ヨシ、やろう」と、当たり前のようにうなずいた。これで方向は決まった。家族が何と言おうと、修理して村上家住宅を残すことを、このとき心に誓ったのである。

村上さんと二人三脚、大工の熊谷賢治さん。

しかし、修理費はない。しばらくは悶々としていたが、ある日意を決して熊谷大工に相談に行った。すると、なんと「ある時に支払ってくれればよい」という寛大な答えが返ってきた。ありがたかった。この言葉を信じていこうと思った。

そうはいっても、さて、いったいどうやって修理資金を工面するのか？根本が解消するわけではなく、だんだんと不安になってくる。とりあえず、ご主人の機嫌のよいときを見計らって、家を修理したいともう一度話してみた。だが「こんな古い家を直して何になる」と、相変わらずの剣幕で、背を向けられてしまった。

しばらくして、ある夜、ご主人からは「修

理するなら家の金を一切使うな」と告げられた。ぼそぼそと口を開くご主人の表情は、どこか寂しそうに見えたそうだ。〝すべてのわざは時にあり〟このときから村上さんは、どんなに苦労しても自分の稼いだ金で村上家住宅を修理するという道を邁進するのである。庭へ出た村上さんは、暗闇に浮かぶ大きな茅葺屋根を見あげた。夜空には満点の星が輝いていた。それは、これから歩きだす未知の世界への道中を、照らし出しているかのようであった。

修理費を行商で稼ぐ

その当時、田舎ではまだまだ洋服は普及していなかった。なかでも農村の女性たちの日常生活では、野良着の延長のような普段着が当たり前。街へ行けば、洋服を売ってはいるが、田舎臭いものばかりで、店舗も品数もわずかだ。わざわざ洋服を買いに街に出る農家の女性はいなかった。

これがヒントとなって、農家のかーちゃんやばぁーちゃん相手に、洋服を売り歩くという行商を思い立ったのだ。村上さんは洋服に、ことのほか興味を持っていた。婦人雑誌で流行のデザインを知っており、それなりに知識があった。だから商品を調達するには田舎では駄目だ、直接東京に仕入れに行こうと、大胆な発想が頭に浮かんだ。

しかし、田舎からきた素人の女が、問屋で仕入れることなんて出来るのだろうか?そこは不安でいっぱいだったが、逆にそれさえ解決すれば、時間はかかるがその利益で村上家住宅を修理出来る。そんな単純な図式が、村上さんの頭の中で出来上がっていった。

もちろん、考えれば考えるほど、仕入れの不安はどんどん大きくなる。悶々とした日々が続いた。いっそ街の洋服屋に相談しに行こうか?と考えたが、そんなことは聞けるはずもなかった。元来、うじうじすることが大嫌いな村上さんは、悩んでいてもしょうがないと決め込んで、ついに一ノ関駅から上野行きの夜行急行列車に乗り込んだ。

新幹線はない時代。予算は限られているから、寝台車ではなく自由席車である。昔ながらの4人合わせのボックスシートに座った。横になって寝ることは出来ない。なんとか仮眠をとりながら、上野を目指したのだ。見知らぬ世界に向けて旅立つには自由度満点。家での窮屈な生活を思えば、夜汽車に揺られて金の算段をすることは、明日を夢見るようで楽しかった。しかも、朝になれば東京の上野駅に着くとなれば、窮屈な座席でも我慢が出来た。

約7時間かけて早朝、上野駅に着いた。まだ問屋は開いていない。駅で洗面して身支度を整え行き着いたのは、唯一知っている上野公園の西郷隆盛像の前だった。ちょうどラジオ体操の時間に当たり、近所の大人子供が集まっていた。それを目当てに野菜などの行商人が店を開いている。温かみを感じさせる行商のおばさんの仕草や客とのやり取りが、その後の行商に大いに参考になったそうだ。東京は人がたくさんいると感心したのもその時だった。それから公園のなかをしばらく歩き、時間を見はからって、下調べしていた洋服問屋が連なる馬喰町や横山町界隈を目指した。

乗りなれない地下鉄の入り口を見つけることすらたいへんだった。全てが手探り状態の仕入れ行脚は、途方に暮れることばかり。バスにも乗り、人に道を聞きながら、やっと洋服問屋街にたどり着いたときは汗だくだった。気が付けば横山町の路地裏に立っていた。

問屋の店先には、色とりどりの洋服がぶら下がっている。田舎にはない賑やかな光景が、そこにはあった。だが、なかなか店には入れない。通りを行ったり来たりしていると、年配の紳士が声をかけてきた。「何かお探しか?」

村上さんは笑顔でこれに応え、訛りをひた隠して洋服を仕入れたいと即座に切り出した。自分でもびっくりするほど、すんなりポンと言葉が出たから内心驚いた。無我夢中とはこのようなことか?と、後に村上さんはこの時のことを振り返って可笑しく思ったそうだ。

意気込みに押された紳士は、村上さんを店内に招き入れてくれた。紳士は、店主だった。村上さんは、素直に自分の置かれている状況や、これから始める洋服の行商のことを店主に話した。すると店主は、頬を紅潮させはじめ、ぜひ協力させて欲しいと賛同してくれ、親切に仕入れの相談にのってくれたのだ。

村上さんは、派手ではなく田舎のかーちゃんやばぁーちゃんに好まれそうな洋服を欲しいと店主に告げた。するとしばらくして、店の奥から段ボール箱を抱えて店主が戻ってきた。なかには地味な色合いの洋服が、いっぱい詰まっていた。店主曰く、ちょっと前に流行ったデザインだが、みな品物は良いという。おまけに値段も大勉強してくれるという。とやかく言う余裕はない。迷うことなく仕入れることに決めた。こうして幸運にも親切な店主と巡り合えて、予想より安価で数多く仕入れることが出来た。初めてにしては上出来だった。案ずるより産むが易しとはこのことか?以来、この問屋との関係は密になり、それから行商は十年近く続いていくのである。

村上家住宅のお座敷。当時のままだ。

仕入れた洋服は、自宅に配送してもらうことが出来たから、帰りは手ぶらに近い。宿代ははなっから予算に入れてないから、復路も夜行列車の自由席。そのため、盛岡行きの夜行急行列車までの時間は、自由時間として東京見物に好都合だった。銀座のデパートに行き、憧れの流行ファッションに触れ、一関では見たこともない洒落た昼食を楽しんだ。出かけることが好きな村上さんにとって、仕入れは新らしい世界と出逢う旅でもあった。後年は、山下公園や大さん橋など、横浜にも足を延ばした。お目当ては、外国船。クイーンエリザベス2世号も見た。乗船客の華やかな服装にも刺激を受けた。異国情緒あふれる横浜の街には、まだ見ぬ遠い国々の空気が漂っているように思えた。いつしか東京での仕入れは、一関では体験できない貴重な人生体験を得る絶好の機会になっていった。

仕入れた洋服が家に届くと、ご主人はいったい何を始めるのか?と、村上さんに問いかけた。「家の修理費を稼ぐため行商する」と、ひとこと告げた。ご主人は一度振り返って、座敷に洋服を並べて一心不乱に整理する村上さんの様子を無言で見ていた。それから後、仕入れの商品が届くたびに忙しくしている村上さんを横目に、ご主人はもう何も言わなくなった。

さて、いよいよ行商のはじまりである。若い時から車に乗っていたので、運転には自信があった。さっそく移動用の自家用車を購入した。白色のトヨタ・カローラだ。白色にしたのは、価格が安い割に、下取り値段がよく、新車に取り換えるとき有利だったからだそうだ。それに、商売には汚い車は駄目と、村上さんは言う。村上さんの商売センスは、天性のものである。

さて、そのカローラに乗って、一関市郊外の農村部に出かけた。行商は日帰りできる範囲が基本。郊外は見渡す限り田園が広がっている。その先にこんもりとした里山が点在している。目的地は決まっていない。まったくの飛び込みである。勇気と勘が物をいう商売である。野中の一本道を走り、辿り着いた集落内の細い道をゆっくり進む。庄屋のような大きな構えの民家を探すことから始める。そしてこれだと思う家を見つけると、まずは玄関先へ。挨拶かたがた婦人服の行商である旨を告げる。村社会である。なかなか話は通じない。だいいち見ず知らずのよそ者は、受け入れてもらえない。

しかし何度となくお伺いしていると、「あがってケ」となる。炬燵のある居間に通されると、まずは世間話から始めた。東京や横浜の話もした。都会の様子をこと細かに話すと、受けがよかった。最初から商売の話では、上手くいかない。世間話が大事なのだ。すると、お茶が出る、漬物が出る。さらに菓子が出る。そして和やかに話が進んだころを見計らって、商品を披露する。タイミングが肝心なのだ。初めて売れたときは、思わず涙が出たそうだ。

この積み重ねによって、各集落にお得意さんができ始めた。そこがいつしか販売拠点にもなった。お得意さんと親しくなり、信頼関係が出来ると、今度は仲間を呼んでいただけることになる。２～３人のこともあれば、多いときは寄合を兼ねて10人にもなるときもある。こうなると、数が多く売れるからありがたい。

そして、なにかと質問攻めにあう羽目になる。何故行商しているのか？生活できないのか？などと聞かれる。古い家の修理資金のことを素直に話すと、だれもが驚き感心し「頑張れ、また来な」と、あたたかく応援してくれる。ときには、自分ばかりか、家族分の洋服のリクエストまでいただけることもあり、仕事として手ごたえを感じた。それは、苦労を忘れさせてくれるひとときでもあり、行商を始めてよかったと充実感を覚えるときでもあった。

みなさんのお陰で利益もあがり、次第に修理費用を貯めることが出来るようになった。噂が噂を呼び、応援してくれる声も大きくなっていった。気が付けば、２００万円、３００万円と、売り上げがあがっていた。

夢の民家再建へ

こうして資金の算段が立ち始めたので、あたためた想いを胸に、大工の熊谷さんに建物修理の相談にいく日がついにきた。本当にあるとき払いでよいのか?それも確かめたかった。お宅を訪ねると、よく決断したとばかり笑顔で迎えてくれた。「まずは傾きを直すべぇ」と、熊谷さんが口を開いた。建築修理については、まるでなす術がわからない村上さんは、

熊谷さんと村上さん。修理に苦労した思い出の柱の前で。

ただうんうんと頭を縦にふるだけだった。そして熊谷さんは、念を押すように「金は、あるときに払ってくれ」と再び言ってくれた。なんと心強い人だろう。もう迷うことはない。再建に向けてまっしぐらに突き進むだけである。そのためにも洋服の行商に精を出そうと、改めて心に誓ったのである。

そして再建の最初の作業日を迎えた。約束どおり、傾いた家を元に戻す作業から始めるのだ。早朝から熊谷さんは、大勢の手伝いを連れてきた。大工仲間だけではない。紹介されて分かったのであるが、柱の傾きを直したりすることを専門とする、「おすげ様」と呼ばれるとび職のような職人が勢ぞろいしていた。傾いた柱に縄をかけて、人力で引っ張って直すのである。30本くらいは直した。すると、それまでのボロ家が活き活きとして、若返ったように見えたから不思議である。やっぱり家は生きていると、村上さんは実感したそうだ。昭和55年（１９８０）頃のことで、村上さんは50歳を迎えていた。作業の代金は、だいたい１００万円くらいだった。

行商も再建工事も順調に

柱や梁、床などを直したが、いちばんの問題は屋根である。屋根は、この地方では当たり前の茅葺である。茅屋根は、はげしく雨漏りするほど傷んでいた。傷んでいるというより、全く手当てをしていなかった。かつて集落には、茅葺屋根を各家がお互いに葺きあげる「結」のような仕組みがあった。白川郷で見られるような集落総出の奉仕作業である。しかしこの界隈では、刺し茅などの小修理は家人の手作業でやることとして、いつしか時とともに、屋根葺きは専門の職人が仕事として携わるようになっていた。職人仕事なので、作業費用はけっこう高くつく。村上家再建のいちばん要となるのが、この屋根の葺き替えであった。だから行商に精を出し、はやく資金をつくる必要があった。だが、稼ごうと思って、稼げるものではない。信頼関係が絆の行商。無理は禁物。とにかく一生懸命に働いた。

やっとお金の目途がついて、また熊谷さんに屋根替えの相談をした。昭和57年（1982）頃のこと。そして地元の茅葺屋根葺き師を紹介してもらった。茅葺屋根師といっても専業ではない。農家と兼業である。村中の茅葺屋根の刺し茅や修理・葺き替えを、農業の合間に請け負っていた。「結い」の延長のような仕事で、みなさん働き盛りの40〜50歳代だった。藤沢集落を中心に約10人が集まってくれた。久しぶりの大屋根の葺き替えとあって、みなさん気合が入っていた。

こうなると大掛かりな作業だけに、近所からも注目を浴びるし、いろいろな声が周囲から騒がしく聞こえてきた。「金もないのに古家を直すなんて、気が違ったのか?」などと、妬み半分の噂が村社会を包み込んでいく。親戚連中の目は、とくに厳しい。「旦那の反対を押し切って、嫁が勝手にやっている」と、その風当たりは半端ではなかった。

そんななかで、励ましてくれたのが、大工や屋根葺き師らの職人さんたちだった。お昼時や休憩時間になれば、てきぱきとお茶などの世話を惜しまない村上さんに、職人さんた

立派に復元された村上家住宅の主屋。

ちは、やさしい笑みを投げかけてくれた。そんなとき、とても嬉しかったと、村上さん。挫けそうになると、職人のみなさんの顔を思い浮かべた。味方してくれるのは、他人ばかりだった。

茅葺屋根の材料である茅は、地元や藤沢集落周辺にまだまだたくさんあった。それを刈り取り一抱えにして縛り束を作った。一束は大人の両手を広げた幅。これを5束まとめた単位を、地元では一丸（ひとまる）と呼んだ。村上家住宅の主屋の屋根は規模が大きな寄棟造りだから、約1000丸必要だった。一年ではとても材料の調達は不可能だったが、それよりも一気に4面の屋根を葺くには資金が足りない。行商をしながら稼ぐお金は、毎年100~200万円。すべての屋根を葺き上げるのに、6~7年かかったそうである。見上げると天に屹立するような立派な大屋根が壮観な村上家住宅は、村上さんはもちろん、大工さんや屋根葺き師さんなど、たくさんの職人さんたちが、みなさん力を合わせた努力の結晶なのである。

見ている人は見ている

いよいよ屋根が葺きあがり、村上家住宅は見違えるようになった。竹やぶを背景に、かつての勇姿を取り戻したのである。鄙びた里に、ひときわ輝いて見えるようになった。近所や親せきは、もう何も言わなくなった。地元新聞や各地のマスコミが、この出来事を聞きつけて記事にし、公になったからである。行商、苦労、女手ひとつ、これらの文字には力があった。いちばん喜んでくれたのは、行商先のお客さんだったそうだ。白いカローラに乗って手土産を携え報告に行くと、自分が一役買ったといわんばかりの喜びようで、村上さんの手を取って号泣する人もあったくらいだ。

こんな噂が噂を呼び、見ず知らずの人が村上家住宅を見にくることも多くなった。そんななかに、皇居の松の手入れをしている東京の庭師がいた。奥州市前沢の「太田家住宅」での会合で、村上家のことを仲間から聞きつけてやってきた。古民家に興味をお持ちの方で、とても賞賛してくれた。その庭師が、知人である山崎完一さんにこのことを伝えた。山崎完一とは、冒頭に登場したヤマカンである。歴史的建造物の保存や修理の専門家である山崎さんは、この庭師の話にたいへん惹かれたので、新潟から奥様とともに村上家住宅を見にきたのである。この道のプロ中のプロである山崎さんは、村上家住宅の威容に感服するとともに、再建に至る経緯を村上さんから事細かに聞き、感動のあまり涙したのだという。そして、村上家住宅が文化財として価値付けがされていないことに憤慨。「国指定重要文化財にも匹敵する建物だ」と口にして、笑顔で帰路についたという。

山崎さんの想いは、彼が師と崇める宮澤智士さんに伝わった。宮澤さんは、文化庁建造物課課長を経て、長岡造形大学教授などを歴任した歴史的建造物保存のエキスパートである。重要文化財の指定や重要伝統的建造物群の選定などはもちろんのこと、後進を育成することに尽力し、関係市町村へ人材を派遣したり、その土地への定住を促したり、持続可能な文化財保存を目指す先駆者として幅広い業績を残されている。ちょうどその頃は、めでたく長岡造形大学を退任されてフリーの状態。山崎さんと意気投合し、二人で全国行脚しながら、歴史的建造物の調査や保存修理などの指導にあたっておられた。酒盛りが大好きなお二人のこと、村上家住宅の物語で大いに盛りあがったそうで、宮澤さんは二つ返事で村上家を見に行くことになった。こうして村上家住宅は、専門家をも唸らせる地域遺産として輝きを放ち始めるのである。

なぜ指定しない？

燃えるような新緑が千厩の集落を包み込む5月下旬、山崎さんと宮澤さんが村上家住宅を訪ねてきた。村上さんは笑顔でお二人を迎えた。山崎さんは二度目、宮澤さんは初めての訪問であった。主屋大屋根の威容を一目見るなり宮澤さんは、「よく残したなぁ」と呟いたあと、すぐさま屋敷の周囲をひとしきり見て回った。敷地内には、主屋ばかりか、納

土間には、さまざまな生活用具が飾ってある。

屋、馬屋、外厠、庭がセットで残っている。そのことに大いに興味を示した。そして、おもむろに主屋に入り、屋根裏を見あげた。「江戸中期か?」とポツリ。その横で山崎さんは、「凄いでしょう」と得意げだ。村上さんは、二人を囲炉裏端に招き入れた。新緑の季節とはいっても、東北ではまだまだ肌寒い。土間に続く縦長の囲炉裏には、煌々と火が揺れている。古民家の内部はさらに寒く感じるから、何よりのおもてなしである。

村上さんは、お二人にお茶を出し、丁寧な挨拶をした。静かな時が流れている。宮澤さんは、お茶をすすりながら、これまでのことを村上さんに尋ねた。すると用意してあった工事記録や写真などの資料を片手に、これまでのさまざまな出来事を村上さんは語り始めた。村上さんは、顔を紅潮させながら手ぶり身振りで流暢に話を運ぶ。宮澤さんは仕事柄、全国各地でたくさんの古民家を見て来られたが、女の人が苦労して再建した事例はまず聞いたことはなかった。だんだん熱を帯びてくる話ぶりに、二人とも思わず引き込まれてゆく。話に力を感じたそうだ。

村上さんの話を聞きながら、宮澤さんは何度も家のなかに目をやった。土間、柱、梁、土壁、屋根裏、それはまるで読み聞かせのシーンそのものであった。ただただ感心して聞いていた。30分ほどして話が途切れた。そのとき宮澤さんは、間髪入れずに「文化財指定になっていないのか?」と村上さんに問いかけた。文化財指定などという言葉は、村上さんにとってまったく馴染みがない。続けて「千厩町も岩手県も何をやっているか」と、宮澤さんが大きな声で言った。これには、村上さんは驚いた。山崎さんは、ニンマリと笑った。山崎さんの狙い通りの展開になったのであった。

後日、岩手県から文化財担当者が、村上さんを訪ねてきた。こうして晴れて村上家住宅は、岩手県指定文化財になった。村上さんの長年の努力が報われるときがきたのである。振り返れば、約40年の歳月が流れていた。いまも文化財指定の書類や資料などは、紫色の風呂

茅葺学校で演習につかう小屋。

敷に包まれて神棚に大事に納められている。

気になる後継者育成

このたび、令和の時代になってからは初めて、村上さんと一関でお会いした。現在は、千厩の村上家住宅ではなく、一関市街にお住まいなので、いつもＪＲ一ノ関駅の改札脇のカフェでお会いする。なんと90歳になられて、ますますお元気である。さすがに自動車の運転は止めにしたそうで、「自宅から駅までは徒歩です」と苦笑い。

村上家住宅を維持するのは、何かとたい

へんなご様子。とくに茅屋根の手入れには、手間もお金もかかるのである。昔は、刺し茅などは家ごとに自分でしていたのだが、その術もいまは消えていき、職人を頼むことが当たり前になった。だからお金がかかる。

そこで、村上さんは茅葺学校を自前で設置し、後継者を育成することを思い立った。村上家住宅の敷地内に茅葺の実地訓練ができる小屋を建てた。そこで実際に屋根を葺いたり、修理したりすることができるようにし、職人さんから直接指導を受けるのである。あわせて茅葺保存会も設立した。メンバーは一関市内で茅葺に興味のある市民の方々である。いわば茅葺文化を伝承していこうという主旨の市民活動である。セミナーや見学会をおこない、文化交流を深めている。

村上家住宅を再建したことがきっかけとなり、茅葺文化を伝承するさまざまな活動に挑戦中なのである。90歳を迎えても若々しい姿の秘訣はここにあったのである。媚びず、ブレず、群れず、自らの判断で、人の縁を大切にしながら偉業を成し遂げた村上和子さんの存在は、文化遺産に接する者にとって金星のように輝いている。運よく出逢うことが出来て、ほんとうによかったと、ぼくはしみじみ感じている。そしてなによりも、宮澤智士さんと村上さんとの出逢い、それは劇的だったと表現するほかないだろう。

思い返せば、白川郷合掌造り民家の保存や白馬青鬼集落の伝建調査をはじめ、ぼくも宮澤智士さんにはたくさんのご指導をいただいてきた。そのときどきに聞いたたくさんのお言葉は、いまも忘れない。なかでも「やる気のある奴が本気で民家を残せば、その数だけ絶対に残る」。これを聞いて、「ぼくもやってやるぞ」と奮起したものである。宮澤さん自身はその言葉どおり、退職金をはたいて新潟県の川西町に古民家を所有し、それを見事に修理・保存・整備され、別邸として活用されていた。流石である。言ったからには自らも実践する宮澤さんの姿勢に、大いに敬意を表したい。

この物語を書くために村上さんにあらためて取材をさせていただき、いろいろとまた考えることがあって、こんなことが頭をよぎった。宮澤さんが古民家の保存を実践したのは、もしかすると村上和子さんの存在が影響したのかも?と。そんなことを思ってしまった。

（取材 2011〜20年）

黒光りし、年季の入った囲炉裏端。奥が横座で当主の席。

馬屋のむこうに厠が見える。

居間の大きな炬燵のまわりを整頓。村上さんはきびきびと動く

村上さんの影響で、周辺地区の茅葺も保存に関心を示し始めた。大籠集落にて。

2014年「かやぶき民家を残す会」発足時の様子。

千厩地区の神社の参道にある茅葺の山門。

主屋の縁側で出迎える村上さん。

囲炉裏端で、熊谷
さんと語らいあう。

娘の尾崎朋子さん
と。尾崎さんは屋
根葺師としても活
躍している。

2011年ころ、
筆者とともに。

あとがき

気がついたら、取材を含めて約5年の歳月が流れていました。原因は、ぼくの原稿が遅いこと。全国人並み会の方々や関係のみなさまには、心よりお詫び申し上げます。

さて、取材を終えて原稿をまとめる間、歴史的集落や町並みの保存に関する資料を引っ張り出して、いろいろと調べる日々が続きました。すると本棚の片隅から「歴史的町並みのすべて」〈財団法人環境文化研究所企画編集・昭和53年（1978）7月1日発行〉が出てきたのです。

ずっと探していた本で、まさしく歴史的集落や町並みの保存についてのバイブルです。B5版で約250ページというボリュームは、お見事。発行されたのは、重伝建制度がスタートして、市民、行政、専門家、関係団体などが、歴史的集落や町並みの地域固有資産としての大切さに気づき始めたころ。フランスのマルロー法やイギリスのシビックアメニティーズアクトなど、建造物単体ではなく周辺環境を抱き込むように歴史的地区を定めて保全するという、欧州の制度に触発された動きでした。

本の内容は、ズバリその名のとおり、全国各地に綺羅星のごとく輝き始めた重伝建地区をはじめ、それに相応しい候補地区の実践的な取り組みや、将来にわたる保存の在り方などを模索しています。たんに保存というだけではなく、すでにまちづくりや観光の視点からも考察しているのです。執筆陣は、西山夘三先生（京都大学名誉教授）を筆頭に、当時活躍しておられた建築、都市計画、環境などの学者、研究者、専門家、マスコミ関係者、環境保全団体、文化庁、それに南木曽町ほか先進的な地方自治体担当者のみなさんが、こぞって登場しています。

当時のぼくは、財団法人観光資源保護財団（現・日本ナショナルトラスト）に入所したての駆け出し。この本の内容は難しくて、別世界のことというイメージが強かったと記憶しています。ところが重伝建制度がはじまって46年、全国で１２３地区を数える今日に、再び読みすすめていきますと、この本の威力、いや重みが、ずしりと伝わってくるのです。

この本を発行した環境文化研究所にかつて在籍しておられた内山哲久さんとは長年のお付き合いで、現在も公益社団法人横浜歴史資産調査会でご一緒です。お互いに全国人並み会の会員でもあります。ときおり二人で、編集を主宰された宮丸吉衛さんの奮闘ぶりを思い浮かべ、「昔より少しは関心が高まったね」「高山のＮＴＴのアンテナがなくなった」と、この本を前によもやま話を続けています。

しかし縁があって、重伝建地区への取り組みをおこなっている地域に実際に関わってみますと、当時とあまり変わらない状況が見えてくるのです。問題はひとつではありませんが、都市計画道路の扱いから、地元の人間関係や利害関係、また文化財への一般的な無関心、なかには重伝建地区になると困る⁉……というのまであります。その土地土地によって特有の風土があり、人と人が織りなす思惑や利害などは複雑で、けっして町並み保存に追い風とは言えないのです。

かつての保存一辺倒から活用へと舵を切りながら、歴史を生かしたまちづくり、地域活性化、最近では地方創生、文化資源や文化観光など、いろいろな言葉や概念が生み出されて、切り口は広がりました。しかし、けっきょくのところ、いちばん肝心なのは、市民が主役であるということです。これは、いつの時代も変わりません。

今回ここに登場されたみなさんが、現役で活躍された時代も、これは同じだったに違いありません。これを信じて最前線で激戦された姿に、取材をとおしてぼくは改めて心打たれたのです。みなさんは、役所の一職員であるだけでなく、いわば地域のプロデューサーであり、柔らかな頭を持った優しいコーディネーターであり、そしてなによりも市民の一員でした。

宮澤智士さん

また忘れてならないのは、こうして地域の現場で奮闘するみなさんの、その想いを的確に汲みあげ、あるべき方向へと導かれた方が、文化庁にいらっしゃったということです。なかでも、宮澤智士さん（元文化庁建造物課長）は別格といえます。黒木久遠（日向市）さん、柿森和年（長崎市）さん、林泰洲（大田市）さんらの師匠といってもいいでしょう。

もちろん、たくさんの学者、研究者、関係団体など、さまざまな分野の方々が力を合わせて、みなさんで重伝建地区を盛り立ててこられたことはいうまでもありません。いろいろな立場から関わった多数の方々の、半世紀にもおよぶ奮戦努力の結果として、いまや広く世界に自慢できるような〝ふるさと〟が保たれているのです。それらは、子々孫々にまで受け継がれるべき大切な宝物であり、地域のアイデンティティーを支えるシビック・プ